うまれることば、しぬことば

酒井順子

集英社文庫

目次

うまれることば、しぬことば

はじめに

　今、「ゲーム」という言葉を聞いて思い浮かべるのは人生ゲームやダイヤモンドゲームではなく、スマートフォンやパソコンで行うゲームのこと、という人が多いことかと思います。私の幼少期は「ゲーム」と言えば「ゲ」にアクセントを置いて読まれ、主に人生ゲーム的なものを指していたもの。しかし今、「ゲーム」という言葉はどこにもアクセントを置かずに平板に読まれるようになり、オンラインゲームのことを指すようになりました。人生ゲームのようなアナログの遊び道具は「ボードゲーム」と言われ、オンラインゲームと区別されるようになったのです。

　同じように、かつて「電話」と言われていたものはスマホの台頭によって、「固定電話」「家電《いえでん》」などと言われるように。昔は唯一無二の「電話」だったものは、「固定」とか「家」といった言葉を補足しないと、理解されない物体となったのです。

　新しい事象が生まれると共に新しい言葉が生まれ、そちらが「当たり前」になってくれば、古い事象と古い言葉が追いやられる。これは、洋の東西南北を問わず、太古から見られた現象かと思われます。新しい言い方に最初は拒否反応があっても、次第に多くの人に受け入れられていけば、今度はそちらがメジャーに。かつて幅を利かせていた言葉が、古臭く聞こえるようになるのです。

特にここしばらくは、言葉の新旧交代劇が激しい時期なのではないかと私は思います。原因はいくつかありましょうが、まず一つ目に挙げられるのは、世のデジタル化。ゲームや電話の事例を見てもわかるように、生活の中にデジタル技術が入ってきたことによって駆逐された言葉が多く見られるのです。

二つ目は、人権意識の高まりです。「ポリコレ」すなわちポリティカル・コレクトネスという言葉が頻繁に使用されるようになって、既に久しい時が経《た》ちました。男女平等のみならず、人間関係のあちこちに仕組まれていた段差をなくしていこうという動きが盛んになることによって、生まれた言葉も、使えなくなった言葉も増えてきました。

そしてここにきて大きな影響力を持ったのは、新型コロナウイルスの流行でしょう。新しいウイルスが人々の生活を変えていった中で我々は、「クラスター」「ＰＣＲ検査」など、今まで知りもしなかった感染症関連の言葉を、毎日のように使用するようになりました。

言葉の激変期と言うことができる今の時代、その表層部分で生まれたり死んだりする言葉を採集して眺めてみたのが、本書となります。言葉の微細な変化の中に時代の要請が隠れていたり、時代は大きく変わっているのに言葉の変化は追いついていなかったり。……と、我々の行動は、常に言葉とリンクしているわけではありません。言葉の暴走に生活が引っ張られることもあれば、言葉に囚《とら》われて意識がなかなか変わらないこともあるのです。

本書に記される新旧の言葉の数々を、あなたは口にしたことがあるのかどうか。どのような言葉を使うか、そして使わないかは、自分の変化を測るものさしにも、なりそうです。

「J」の盛衰

近所の区立小学校では毎年、六年生向けに職業意識を涵養《かんよう》する授業を行っています。子供達が興味を持っている職業に就いている大人を集め、子供達と仕事についての話をする、という企画なのです。

物書きという仕事に興味を持つという殊勝なお子さんが少数ながらもいるらしく、近所の奥さんからスカウトされて、その授業に毎年参加している私。当日は、最寄りの駅の駅長さん、近所の警察署の警察官、パン屋さんに美容師さん……と、ご近所さんやその小学校の卒業生から色々な職業に就く人達がかき集められます。芸能プロダクションの社長や、元プロ野球選手（東京ヤクルトスワローズ）、元Ｊリーガー（ＦＣ東京）といった華やかなメンバーも来るので、子供達にとっては楽しい時間かと思われる。

授業当日は、体育館に占い師のブースのようなものを作って我々講師が座り、子供達と話すのですが、

「エッセイって何ですか？」

とか、

「生活していけるくらいは儲《もう》かるんですか？」

など色々と聞かれて、こちらも楽しいこの時間。来てくれた子供達には、サービスとして「上手な作文の書き方」を教えるようにしています。

もちろん、真剣に物書きになりたいと思っている子は、ごく稀《まれ》なのでしょう。私のところにやってくるのは、「ちょっと読書好き」くらいの子が多く、

「で、将来は何になりたいの？」

と聞いてみると、

「お医者さん」

とか、

「パティシエ」

とか、様々なのです。

そんな中、

「ユーチューバーになりたい」

と言う子が数年前に登場した時、私は驚いたものでした。今でこそユーチューバーは、子供達が憧れる職業として有名になっていますが、当時は「あれって職業なのか？」という意識が私の中にあったから。

ＩＴ系の職業に就く人としてはゲームのプログラマーが来るくらいで、その授業において、未《いま》だユーチューバーは講師として登場していません。もしかすると、先生達の教育的配慮によって、ユーチューバーのようにまだ評価が定まらない新興職業の人は、除外されているのかも。

ユーチューバーやらインフルエンサーやらは、ここ数年で注目されるようになった職業というか、肩書きです。最初は意味がわからなかったものの、自分も誰かのＳＮＳを見ていて、そこに出ていた何かをつい買ったりすることがあり、

「これがインフルエンス！」

と、実感したものでした。

小学生が興味を持つ職業を見ていると、そのルーツは様々なのです。鉄道員やパン屋さんといった仕事は、鉄道やパンといった西洋の文化が入ってきてからできた職業でしょう。美容師さんは髪結《かみゆい》が祖先と考えれば、江戸時代には存在していたことになる。

警察官は検非違使《けびいし》くらいまで遡ることができるのかもしれず、かなり古い職業と言えましょう。そして随筆を書くという仕事も、職業ではないにせよ清少納言などは千年前からしていたわけで、検非違使並みに歴史はあるのかもしれません。

そう考えてみますと、「Ｊリーガー」などというのは、まだ非常に新しい職種なのです。もちろん私の子供の頃には、そのような職業は存在しませんでした。当時は、スポ

ーツ系男子のほとんどが、

「将来はプロ野球選手になりたい」

と言っていた時代なのですから。

Jリーグすなわち日本プロサッカーリーグが開幕したのは、一九九三年のこと。当時は、プロのスポーツといえば、プロ野球でした。しかしパンチパーマに金のネックレス、みたいなスタイルの人もまだいたプロ野球選手に比べると、サラサラの髪にミサンガ、というプロサッカー選手は格段におしゃれ感があって、爽やか。そのおしゃれ感を、「Jリーガー」という言葉が後押ししたのです。

当時は、

「○○ちゃんって、Jリーガーと付き合っているんだって」

といった話を聞くと、かなりイケている印象を受けたものです。知り合いのスチュワーデス（当時）がJリーガーと結婚した、という話を聞いた時は、「トレンディードラマ（当時）みたい！」と、ジェラシー混じりの感慨を覚えたものでしたっけ。

前回の御代《みよ》替わり、すなわち昭和から平成になった前後というのは、今思うと「J」ブームと言っていい状況でした。その先鞭《せんべん》をつけたのは、昭和の末期にFMラジオの世界に新規参入した「J‐WAVE」です。

それまではラジオというと、八百屋さんの店先に流れているような親しみやすいメデイアでした。おしゃれ感の漂うラジオ局といったら、せいぜいＦＥＮ（米軍向けのラジオ。現在はＡＦＮ）くらいだったのです。

ですからＪ－ＷＡＶＥが登場した時、私達は、

「しゃれてる！」

と、のけぞったもの。何がしゃれているかといったら、Ｊ－ＷＡＶＥのパーソナリティー（とも言わず、「ナビゲーター」と呼ばれていたのがまたしゃれていた）の多くは、クリス・ペプラーやカビラ兄弟といったバイリンガルだったのです。ベテラン局アナとか落語家ではなく、外国にもルーツを持つ美男美女がネイティブな発音の英語交じりで音楽を紹介する様《さま》に、「外国みたい」と思ったものです。

流れる音楽も、おしゃれでした。日本の歌謡曲は決して流れず、ほとんどが洋楽。たまに、おそらくはＪ－ＷＡＶＥ側から「しゃれている」と認定された日本の曲が流れるようになったのであり、それが今に続く「Ｊ－ＰＯＰ」の源流となっています。

Ｊ－ＷＡＶＥは、昭和末期の放送業界に姿を現した、黒船のようなものでした。マスメディアといったら、大衆向けの放送を流すが故にダサいものだと思っていた中に、突然に西洋風、というよりはアメリカ風の放送が流れてきたことによって、若者達のＢＧＭ環境は大きく変化。当時の若者達は車の中で（当時の若者は現在と違い、かなりの割合で車を所持していた）Ｊ－ＷＡＶＥもしくはユーミンのアルバムを流していれば何と

かなる、と思っていたものです。

そうこうしているうちに平成の初期に発足したのが、Jリーグでした。プロ野球的な軍隊調とヤンキー調、つまりは昭和感を完全に排除したJリーグは、発足当時から華やかなムードに包まれました。

なぜ「J」の響きがそれほど新鮮だったのかといえば、昭和の末期、「日本」という言葉と存在のダサさが極まっていたからなのでしょう。昭和は、六十三年余と長く続いた時代です。新興勢力として調子に乗っていたら戦争に負けて落ちるところまで落ち、そこからド根性で先進国と言われるところまで這《は》い上がって、やがてはアメリカをも凌駕《りょうが》しそうに……というのが、我が国の昭和の歩み。そんな昭和の泥臭さが、「日本」という言葉には、こびりついていました。

昭和の末期には、私の世代を含めて戦争のことも貧しさも知らない人が多数派となり、世はバブルへと突入します。人々は浮かれていたわけですが、しかしそんな日本の姿がしゃれていたかといえばそうではなかったし、日本人自らもそれを自覚していました。

そんな時、色々な汚れやら恥ずかしさやらが染みついた「日本」という言葉とは違う世界を見せてくれそうな文字が、「J」だったのです。格好いいFMラジオ局を作ろうという時、「FM日本」という名にしていたら、どうでしょう。天皇陛下万歳とか鬼畜米英的な香りがそこはかとなく漂って、とてもクリス智子が話すムードにはならなかったはず。サッカーにしても、「J」の文字を冠したからこそ、プロ野球とは異なる自由で爽やかなイメージをつけることができたのです。

豊かさが当たり前になった日本において、欠けていたのはセンスと軽やかさであり、重荷となっていたのは昭和の長くて暗い歴史でした。それを払拭する働きを持っていたのが、「J」という文字。アルファベットとしての「J」はなぜかニッポンの「N」より格好よくもあったので重宝されたのですが、そういえばバブルの時代は、JTRIP BARというクラブのようなディスコのような店が西麻布やら溜池《ためいけ》やら六本木やらにあり、夜の遊び場として人気だったものでしたっけ。

J－POPもまた、昭和の歌謡曲のダサさ、演歌の湿り気から解放され、軽くてエアリーな音を若者に提供しました。どこで聴いても恥ずかしくない国産音楽が、作られるようになってきたのです。

Jのブームは、若者文化の分野に限ったことではありません。日本国有鉄道はJRになり、日本専売公社はJTになり、日本鋼管と川崎製鉄はJFEになり……と、「日本」を捨てて「J」に走る企業が続々と。

平成は、このように日本の〝J化〟が進んだ時代でありました。重さとダサさがつきまとう「日本」ではなく、軽くてしゃれた国を目指したい、というムードが世には横溢《おういつ》。平成という時代は、そうして軽いままに進んでいったのです。

しかし平成も末期になってくると、事情が変化してきました。「Jなんとか」に飽きもきたのか、J化の流れが止まり、「日本」への回帰が見られるようになってきたではありませんか。

平成は、もっと外国人に日本に来てもらおうという国のキャンペーンが功を奏し、訪日外国人数が急増した時代でした。経済がジリ貧で、「外国人は日本が大好き」「外国人に日本は格好いいと思われている」と信じることによって国の威信を回復しようという中で、もう「J」とかで中途半端に欧米っぽさを醸し出すよりも、堂々と「日本」のままでいた方がいいんじゃないの、というムードに。

「J」時代の終焉は、世界のムードが変化する時代とも重なっていたように思います。ドナルド・トランプ氏のみならず、自国第一主義系の元首が世界各地で誕生する中で、日本人は「日本」に回帰してきました。そういえばラグビー日本代表チームの練習着の背面にも「日本」と漢字でプリントされており、それがまた格好よく見えたりもしたのです。

Jリーグが発足した頃は、前述の通り、誰かがJリーガーと付き合っていると聞くと「イケてる」と思ったものでした。しかしそれから四半世紀以上が経った今や、自分達の娘世代の女の子がJリーガーと付き合っていると聞くと、むしろ「大丈夫なの?」と心配になるように。「J」がついている分、その言葉は軽ーく聞こえ、むしろ「プロサッカー選手」と言った方がいいのではないか、という気もしてきます。

そういえば授業で会う小学生達も、

「Jリーガーになりたい」

ではなく、

「サッカー選手になりたい」

と言っていましたっけ。既に彼等《かれら》は、「もうJとかじゃないでしょ」ということを、知っているのでしょう。というより「Jリーガー」は、私の知らないうちに死語化していたのか……？

平成初期には眩《まぶ》しいようだった「J」という文字が放つ輝きが薄れつつある、今。「J」の命運は、一つの文字や言葉は時代の空気を変える力を持ち、またその言葉には寿命があることを、伝えてくれるのでした。

「活動」の功と罪

親戚の女の子が、この度めでたく結婚いたしました。「女の子」とは言っても三十代前半ですが、今時の東京では、まず平均的な結婚年齢と言えましょう。

彼女が二十代後半の頃から、私は幾度となく、

「婚活した方がいい！」

と言っていました。真面目で大人しい彼女は、積極的に男性にアピールするタイプではありません。職場に男性も少ないようだし、合コンなどに行きまくるわけでもない。……となれば、ぼうっと待っていたりなどしようものなら、どんどん時が経ってしまうではないか、と。

私はかつて、負け犬がどうしたこうしたという本を書いたことがあり、それは「結婚せずに三十代を迎える人が、自分を含め増えていますよね。そういう人を『負け犬』と名付けてみました」という内容でした。そんな本を書いたが故に、独身推進論者だと思われることがたまにあるのですが、それは誤解。私は根っからの「お相手はいた方がい

い」論者であり、だからこそ結婚していない自分に「負け」感を抱いていたのです。

お相手との関係性は、必ずしも結婚でなくとも、またお相手は異性でなくともいいのではないか、と年をとるにつれ思うようにはなってきました。しかし、極度に孤独が好きとか、特別に強い信念や使命感を持っているとかではない若い人に対しては、

「とりあえず結婚してみれば？　嫌だったら別れればいいんだし」

と、勧めているのです。

周知の通り、人生は百年ということになりつつある今、決まった暇つぶし相手がいると、何かと便利です。また子供が好きな人の場合は、今の日本においては結婚をしていた方が、子育てはしやすい。

……というわけで親戚の女の子にも、

「この結婚相談所がいいみたいよ」

と勧めてみたり、また婚活が実って結婚した友人達が口にしていた、

「仕事だと思って婚活にも取り組むように」

「去る者は追わず！」

といったメッセージも、せっせと伝えたりしていたのです。

彼女は、一時はいわゆる「婚活疲れ」という状態にも陥りました。毎週末のように男性に会い、「いい感じ」とか「今ひとつ」などと判断したりされたりの連続、という

日々に、心が折れかかっていたのです。しかしそれを乗り越え、根性で婚活を再開したことによって、いよいよ素敵なお相手に出会った模様。結婚式の時の弾《はじ》けるような笑顔に、私も思わず感涙にむせんだ、と。

美しいドレス姿の彼女に拍手を送りつつ、私は「しかし結婚することは、いつからこんなに大変になったのか」と、考えておりました。その昔、結婚は誰もが当然のようにするものだったのだそう。自分でお相手を探す人もいれば、自分で見つける気配が無さそうな人には、親御さんなど周囲の大人達がお世話をしていたのです。

今は、ただ何となく生きていては結婚などできないことを、皆が知っています。霧の向こうから王子様が現れてプロポーズされる、などというのは物語の中の出来事なのだから、結婚するには自分から積極的に「活動」して相手を獲《と》りに行かなくてはならない。……との認識が浸透してきたのは、二〇〇〇年代後半のこと。家族社会学者の山田昌弘氏が、「婚活」という言葉の生みの親です。

私は、「婚活」という言葉が登場して良かった、と思う者。それ以前は、女性が「結婚したい」と思っていても、その希望を表に出してしまうと、かえって男性からは「重い」と引かれる、と言われていました。また同性からも「ガッついてる」と嘲笑されたりするのではないか、との恐れも去来した。

異性と自然に出会って恋愛し、男性側から望まれて結婚するのが女のあるべき姿、という認識が、日本にはそれだけ浸透していたのです。だからこそ女性は、「結婚したい」という希望などおくびにも出さずに男性の外堀を静かに埋めたり、男性を結婚へ導くべく、巧妙に動かなくてはならなかった。

しかし「婚活」という言葉が人口に膾炙《かいしゃ》してからは、結婚への希望を、人は素直に表明することができるようになりました。

「今、婚活中なので、誰かいたら紹介してください！」

とか、

「婚活しようと思ってるの」

などと、気軽に口にすることができるようになったのです。

「婚活」という言葉の登場前も、お見合いや結婚相談所への登録といった、結婚へと直結する「活動」をする人達は、もちろん存在しましたが、そんな男女は、活動を他人には知られたくないという気持ちから、コソコソと動いていたものです。ところが「婚活」という言葉の登場によって、人はその手の「活動」を堂々とするように。

「婚活」の広がりによって、他の分野でも「活動」という言葉が使用されるようになってきました。たとえば、結婚後も自然に妊娠・出産できる人ばかりではないのだからして、妊娠のためには「妊活」が必要だ、とか。無事に子を産んでも安心はできず、出産後は保育園に入れるための「保活」が待っている、とか。はたまた高齢者にとっては、死のだいぶ前から「終活」をしておくことが、跡を濁さずに旅立つためのマナーと化しました。

このような「活動ブーム」が来る前に二十代、三十代という人生の生々しい時期を過ごした私は、今までたいした活動履歴を持っていません。せいぜい学生時代のクラブ活動、そして大学時代の就職活動を経験した程度なのです。

そんな私が改めて「活動」とは何かと考えてみれば、何かのために自分から積極的に、そして激しく動く、といったイメージ。「火山活動」とか「スパイ活動」といった言葉から想像しても、「活動」とは、かなりアグレッシブな雰囲気を持つ言葉です。

活動ブームを見ていると、「昔はさほどの苦労をせずとも、皆がしていた／できたこと」が、今やそうではなくなったため、わざわざ「活動」をしなくてはならなくなった、という時代の変化が理解できます。

結婚、妊娠・出産、そして死などは、「未知なる世界に飛び込む」ということでもあります。そこには大きな機動力が必要であるからこそ、昔は「他者がどうにかしてくれる」ものでした。

結婚であれば、戦前は七割程度が見合い結婚。子供の結婚は、親の仕事だったのです。親のみならず、親戚や近所の世話焼きおばさんに職場の上司といった人々も、結婚制度からこぼれ落ちそうになる人に対して、セーフティーネットとして待ち構えていました。

ところが戦後、恋愛が解放されて「見合い結婚はダサい」ということになると、結婚は誰かに「させてもらう」とか「させられる」ものではなくなり、自分で「する」ものとなりました。結婚へ結びつく恋愛を首尾よくできた人はいいものの、そうでない人も大量に出てきたからこそ登場したのが、「婚活」という言葉。

妊娠・出産もまた、かつては「授かりもの」という認識で、受動的に捉えられていました。子供に恵まれない夫婦は、子宝に効くという神社や温泉に行くなどして、「赤ちゃんを授かりますように」と祈ったのです。

対して今は医療の発達によって、子宝系の神社や温泉に頼る人は激減。本当に子供が欲しいのなら、行くべき場所は神社ではなく病院なのであり、子供は「授かる」ものでなく、自分で努力して「つくる」ものになったのです。

そして、死。かつて寿命を迎えた人は、子や孫の世話になってあの世に送り出されていました。葬式等は集落の重鎮や近所の人が、よってたかってしきたり通りに済ませてくれたのです。

しかし今は、地縁・血縁がすっかり薄くなりました。子や孫がいる人ばかりではなくなり、また子や孫がいても「迷惑はかけられない」というプレッシャーが大きい今は、死に際しても「あとはよしなに」では済まされないのです。

六十代になったならば、家に溜《た》まった物を捨てるなどして、終活開始。介護されるようになった時、介護者の手間が少なくて済むように下の毛を脱毛しておくという「介護脱毛」もまた、終活の一環となりつつあるという話で、私も今から友人達と、

「どうする？　今からしておいた方がいいみたいよ。白髪になっちゃうと、脱毛できなくなっちゃうから」

などと話し合っているのでした。

いざ病気になったなら、昔であれば本人には伏せられていたがん等の病名も、今はさらりと本人に告げられます。本人が意思を持たないと、治療が進まないのです。

死が現実的になってきたなら、自分の財産はどうするとか、葬式や墓の様式といったことについても、意思を明らかにしておくことが求められるように。終活は今や高齢者の嗜《たしな》みとなり、「何となく死ぬ」ことはできなくなりました。

婚活や終活と比べると「就職活動」は古い言葉ではありますが、しかしこの言葉がまだ存在しなかった時代は皆、特別な「活動」などせず、流れるままに人生を歩んでいった人が多かったのではないでしょうか。農家にしても商家にしても、親と同じ仕事に子も従事するのが当然だったり、親の言うがままに奉公に出されたり嫁に出されたりするケースが多く、自分の就きたい仕事を得るための「活動」をする人は、少数派だった気がします。

このように昨今の日本人の人生において重要とされる「活動」は、就職、結婚、妊娠・出産に死……と、どれも人生における重要なトピックに際して行われるものです。昔はその手の時期に、本人が自主的に道を選ぶケースは稀で、親や先祖、はたまた天や神から与えられる道を、人は唯々諾々《いいだくだく》と進みました。そのことに不満を覚える人も多かったでしょうが、個人の意思を最小限に抑えることによって、世は無難に回っていたのだと思う。

対して今、個人に与えられる自由は拡大しています。どのように生きようが死のうが、その人次第。他者から生き方を指示されたり強制されたりすることがなくなり、全ての結果は自己責任、ということになってきました。

だからこそ人は今、「活動」に四苦八苦しているのでしょう。人生に失敗したならば、自分が諸「活動」に失敗した結果ということになり、他人のせいにはできなくなったのです。

人が活動に疲弊するのも、そのせいです。活動はとても大変なのだけれど、乗り越えないと次のステージに進むことができないということで、人は必死にかじりつく。婚活疲れで一時は結婚を諦めかけた私の親戚のように、就活中の大学生は電車の中で虚《うつ》ろな目つきでスマホを凝視していますし、かつて妊活をしていた知人も、

「もうつくづく疲れた」

と言っていましたっけ。そしてご近所の高齢の女性は、

「そろそろ終活、スタートした方がいいんじゃないの？」

と子供達から冗談っぽく言われ、

「何だか死ぬのを待たれているみたい」

と、寂しそうに微笑《ほほえ》んでいらっしゃいました。「活動」は、何らかの目的達成のために行うものですが、その目的がなかなか叶《かな》わなかったり、活動が自主的なものでなかったりすると、人の心は折れそうになるのです。

「○○活」という言葉からは、ちょっといきいきした響きが感じられますが、同時にそれは人にプレッシャーを与えるものでもある模様。しかし「○○活」という言い方には、もう一つの種類があるようです。たとえば、「朝活」やら「パパ活」といった泡沫《ほうまつ》系の「○○活」という言葉を見ると、「活動」というより「活用」の意味で使用されていることが多いのでした。

「朝活」であれば、朝の時間を活用してもっと有意義に過ごしましょう、といった感じ。「パパ活」であれば、ときめきに飢えたおじさん達を金ヅルとして活用しよう、という若い女性の意欲が感じられます。

であるならば「○○活」は、もっと気軽に捉えてもいい言葉なのかもしれません。

「活きる」とも使われる「活」の字。その人が持つ本来の機能を生かして存分に使うと

いった意味がそこにあるのだとしたら、「皆がしているから」という理由で無理に「活動」をせずとも、他に「活きる」道も、あるような気はするのでした。

「卒業」からの卒業

私は雑誌等に文章を書いて口を糊《のり》しているわけですが、雑誌等の連載は、始まることもあれば、終わることもあります。先日、とある雑誌の連載が終了するということを編集者さんから告げられる時、

「この連載を、ご卒業ということにさせていただければと思います」

と言われて、「なるほど、今はそういう言い方をするのね……」と思ったのでした。連載が終わるということは、すなわち「打ち切り」であるわけです。が、

「酒井さんの連載、打ち切りますんで」

では、いかにも感じが悪い。だからこそ「ご卒業」という言い方になるのでしょう。長い仕事人生の中で、連載の打ち切りは何回も経験していますが、「卒業」と告げられたのは初めてだったかも。たいてい、

「○月いっぱいで、酒井さんの連載にはいったん区切りをつけていただいて……」

などと、ごにょごにょと煮え切らない言い方をされていたように思います。対して

「卒業」という言葉を使用すれば、言いたいことはストレートに伝わるけれど、耳当たりは良い。

またある時にテレビのドキュメンタリー番組を見ていたら、リストラされて辞めていく社員が、最後の出社の日に、

「○○くんは、今日で卒業ということになりました。今までありがとう！」

と、上司から送り出されていました。リストラを「卒業」と表現される人はさぞ苦々しい思いを腹に抱えているだろうと思うのですが、とにかく今、「これでおしまい」ということを柔らかく表現したい時に、「卒業」は大活躍しているようです。

「卒業」が、このように学校以外のシーンでも頻用されるようになったのは、女性アイドルグループの影響でしょう。昨今の女性アイドルといえば、坂道グループをはじめとして、大人数で構成され、メンバーが辞めたり新しく入ったりと新陳代謝を繰り返すスタイルが多い。人気メンバーの「卒業」は、そのグループにとっては大きな刺激となるようです。

新陳代謝系アイドルの嚆矢《こうし》は、モーニング娘。かと思われます。昭和の末期にも、「夕やけニャンニャン」というテレビ番組から誕生したおニャン子クラブという大人数アイドルが存在し、メンバーの出入りがありました。しかし「夕やけニャンニャン」の終了とともにおニャン子クラブも解散してしまったため、活動期間は二年半ほどだった

のです。

対して平成九年（一九九七）に結成されたモーニング娘。は、新陳代謝を繰り返して、現在も存続しています。モーニング娘。におけるメンバーの出入りシステムに初めて接した時、私は衝撃を受けたものでした。それまで、アイドルグループは「解散」によってその活動を終えるのが宿命だと思っていたのが、モーニング娘。は、メンバーの入れ替えによって永遠の命を追い求めているように見えたから。

不死は、人間の夢ではあります。が、不死への挑戦とは、すなわち神への挑戦。メンバーの入れ替えを繰り返すことによってグループの生命を永らえるというのはすごいアイデアだ、とは思いましたが、遺伝子をいじってクローン羊が誕生しました、といったニュースを聞いた時と同じような禍々《まがまが》しさをも、私は感じたのです。

しかしアイドルグループが一つの組織だと考えれば、メンバーの入れ替わりは当たり前の行為なのでしょう。大人数のアイドルグループが学校を模したものであるなら、メンバーの「卒業」は必須。組織というものは、構成員の新陳代謝によって、組織の「永遠」を得ようとするのです。

メンバーの入れ替わりによって永遠を目指す昨今の女性アイドルグループに対して、旧ジャニーズのアイドルグループは、そのシステムをとっていませんでした。たとえばＳＭＡＰは森くんが脱退しても他のメンバーを入れることなく活動を続け、皆が中年になってから解散しました。他のグループにおいても、メンバーが抜けてもそのまま続くか、嵐のように「誰かが抜けるくらいならいっそ活動休止」となるようです（芸能情報による推測ですが）。また少年隊はメンバーが五十代になった今もまだ解散はしておらず、こちらは別の意味で永遠を追求しているのかも。

アイドルグループのあり方における男女差がこのように大きいことから見えてくるのは、男と女に求められているものの違いです。女性アイドルグループが、旧ジャニーズのグループのように、同じメンバーのまま四十代、五十代になっても続けていくということは、考えづらい。女性の場合は、どうしても若さが大きなセールスポイントなのであり、二十代後半になると「そろそろ卒業？」というムードに。卒業したならば、彼女達の前には結婚・出産という新たな目標も、待っています。

対して男性アイドルのファンは、若さを愛好しているという意識は低めです。だからこそ男性のグループの活動期間はどんどん長くなってアイドルは高齢化し、彼等はいつまでも結婚できないということになる。

男性アイドルの場合は、メンバーが辞める時も、「卒業」という言葉は使用しません。新陳代謝によるグループの永続性を求めていない男性アイドルの場合、メンバーが辞めることは、すなわち「脱退」。アイドルにおける「卒業」は、新しい誰かが入ってくることを前提とした上で使用される言葉なのです。

「卒業」は、アイドルがグループを辞めるにあたってトラブルがなかったという印象を、ファンに与えます。首を切られるわけでもなければ、彼女がグループのことを嫌いになったわけでもない。学生が学校を卒業するのと同様に、時が満ちたから違う世界へと旅立っていくだけなのです、という印象が、裏にある真実はどうあれ「卒業」という言葉からは伝わります。

アイドル用語の「卒業」がこのような印象をもたらすからこそ、世間でも「卒業」は、便利に使用されるようになりました。が、その使われ方にもやもやした気持ちを抱く人は多いようです。実質「クビ」と言われているのに「卒業」などと甘やかな言葉で表現されることは、確かに気持ちが悪いもの。

かつて欅坂《けやきざか》46にいた平手友梨奈《ひらてゆりな》さんは、そんな中でグループからの「脱退」を発表しました。同時期に辞める他のメンバーが「卒業」であるのに対して、平手さんは「脱退」。その言葉をあえて彼女が選択したのだと考えれば、「卒業」に対する違和感を彼女が覚えていたこと、そして終わり方を無理に丸めることなく、ザラザラのままにしておきたいという意志が伝わるのです。

しかしそのような言葉を選択する人は、少数派。我々の多くは「卒業」のみならず、何事においても「終わり」を表現しようとする時、シビアな現実を覆い隠すための言い換えを、行わずにはいられません。

たとえば、人生の終わりである、「死」。実際に人が死んだ時に、

「〇〇さんが死にました」

と言うことは、あまりありません。「亡くなった」「他界した」「天に召された」「旅立った」などと別の表現を使用するのが常であり、「死」というそのものズバリの言い方は、忌み言葉のようになっている。

日常生活で「死」が使用されるのは、本来の死とは関係の無い場面において、なのでした。人を罵倒する時や性行為の時など、何か極端な感情がほとばしる場面において「死ね」「死んじゃう」「死ぬほど」といった表現は多用される。

永遠などというものは無いのだ、ということを理解していながらも、やはり人はどこかで永遠を求めています。だからこそ、人は必ず死ぬとわかっていても、死を悲しむ。人間は、絶対に負ける戦《いくさ》とわかっていても、永遠への挑戦をせずにはいられない生き物なのであり、だからこそあらゆる「終わり」を直截的に表現することを避けようとするのでしょう。

たとえば雑誌の世界において、その雑誌の命が終わることを「廃刊」と言いますが、廃刊に際して、雑誌側が「廃刊します」と言うことはなく、多くの場合は「休刊」と表現します。完全に無くしてしまうわけではない。もしかしたらこの先、復活することもある……かも、という雰囲気を、漂わせておくのです。

また単行本の場合は、もうこれ以上は刷りませんよ、版も廃棄しちゃいますよ、ということを「絶版」と言います。が、出版社のHP等を見てみると、「絶版」とは記されず、「品切れ中」などと表記されている。少し待てばまた補充されるかのような書き方ではありますが、休刊とされた雑誌が復活することがほぼ無いように、品切れ中の本が補充されることもまた期待できません。

一方で鉄道の世界は、潔いものです。出版業界と同様、鉄道も一種の斜陽産業。地方のローカル線が廃線となるケースがしばしば見られますが、かの業界では「休止」と「廃止」は、きっちりと区別をつけている模様です。たとえば、台風等の災害で運転が休止されている路線がそのまま廃線となる場合がありますが、その時はいつまでも「休止」と言い続けて復興への希望を持たせるようなことはせず、ある時点で「廃止」を宣言して、とどめを刺すのでした。

廃線や廃刊の「廃」にしても、絶版の「絶」にしても、終わりを示す言葉は、やはり厳しい響きを持つものです。人と人との関係にしても、「絶交」という強い言葉がありますが、その響きが厳しすぎるせいか、

「あなたとはもう絶交よ！」

と宣言するケースは少ない。何も言わずにフェイドアウトして、絶交と口に出さずに絶交しているのです。

対して恋愛関係にある二人の場合は、交際を断とうとする時、何も言わずに静かにフェイドアウトというわけにはなかなかいきません。別れを宣言しておかないと、もう片方はずっと「付き合っている」と思い続けることになって、何かと面倒臭い。

交際しているカップルが別れる時も、別れを切り出す側はしばしば、曖昧な物言いになるものです。つまり、

「もう別れよう」

とは言わずに、

「しばらく距離を置こう」

とか、

「関係を見直そう」

といった中途半端な言い方で、「別れたい」という意思を伝えようとするのです。それは付き合ってきた相手に対する最後の思いやりだったりするのですが、しかしその思いやりが、かえって残酷な結果をもたらしがちです。

別れというのはたいてい、切り出される側からすると寝耳に水。となるとそちら側では、「しばらく距離を置こう」を文字通りの意味に捉えてしまい、

「ということはしばらく経ったらまた付き合うってことよね?」

などと思ってしまうのでした。

「しばらく距離を置こう」とはすなわち、出版業界における「休刊」とか「品切れ中」と同様の言い方。復活する可能性は限りなくゼロに近いということを察してほしいという、ずるい言い方でもあるのです。

和を重んじる我々は、このように何かを終わらせる時、「波風を立てたくない」「悪者になりたくない」「相手を傷つけたくない」と思ってしまいます。その結果、曖昧な言い方を連発し、かえって後味の悪い結末になりがちなのでした。

その点、歴史に残る見事な別れ方をしたのは、元貴乃花親方です。現役力士だった頃、宮沢りえさんと婚約をしたものの、その後に婚約解消となったという事件は、当時は大きく報じられました。その時、婚約解消の理由を問われて、

「愛情がなくなりました」

と貴花田《たかはなだ》（当時）関が言ったことが、私は深く印象に残っています。有名人が別離の理由を説明する時、

「互いのすれ違いから次第に距離が生まれて」

などと、曖昧な言葉で終始することが多いものですが、「愛情がなくなったから別れた」というのは、突っ込まれる隙のない見事な回答だった。

「別れ」や「終わり」には、傷がつきもの。どうせ相手を傷つけるのであれば、じわじわとでなくスパッと真実を切り出した方が、傷の治りは早いし、切り出す側の保身感も

漂いません。「相手への思いやり」と称して曖昧で聞こえの良い言葉を使用することは、最終的な理解と判断は相手に任せるという、責任放棄でもあります。しかしそれがわかっていても、どうしてもストレートな物言いをできないのが、凡百の人間なのです。

就職活動における不採用通知のメールは、「今後のご活躍をお祈り申し上げます」といった文章で締めくくられていることから、「お祈りメール」と言われています。そこでも、「採用を見送る」とか「ご縁がなかった」といった言葉で、「当社はあなたを必要としていません」という結果が告げられるのでした。それは就活生を傷つけないための配慮であるわけですが、お祈りメールが度重なると、それが慇懃《いんぎん》な言葉遣いであればあるほど、就活生の心の傷は深まることになる。

「ご縁」もまた、出会いと別れのシーンにおいては、非常に便利に活用される言葉なのでした。「ご縁があった」「ご縁がなかった」と言われてしまえば、詳しい背景など一切説明されずとも、私達はその結果に納得せざるを得ません。日本人にとって「縁」とは、人為の結果ではなく、天の配剤ですから、「ご縁」を持ち出されると、反論のしようがないのです。

そんなわけで、「ご縁」は我が国最強のお別れワード。……であったのですが、「卒業」は今、それに代わる勢いを持つようになりました。縁を切りたい相手に「卒業」を言い渡せば、「あなたと別れたいわけではありません。新しい世界へ旅立っていくあなたの背中を押してあげたいだけなのです」といったほんわかムードが漂うのですから。

「卒業」のブームは、人生百年時代とも関係しているのかもしれません。寿命が長くなったことにより、人は何歳になっても、延々と人生を充実させ続けなくてはならなくなりました。その時に「卒業」は、使い勝手の良い言葉。

最近は定年退職した人が、

「〇〇年勤めた〇〇社を、卒業しました！」

などとSNSで宣言するケースも、しばしば見られます。「卒業」は、その先に何か新しい展開があることを予見させる言葉であるからこそ、人生百年時代の定年シーンでは「定年」も「退職」も「リタイア」も使用せずに「卒業しました！」となるのでしょう。会社を「卒業」した定年者は、新たな世界へ羽ばたく気が満々なのです。

このまま行くと、死もまた「人生からの卒業」ということになっていきましょう。本人が死んでしまえば、自身がSNSで人生からの卒業アピールをすることは叶いませんが、遺族が「〇〇は、九十七年の人生からこの度、卒業いたしました」などと表現しそう。

とはいえそうなると、我々はいつになったら「卒業」から卒業することができるのか、という心配も湧いてくるのでした。何かを終える度に「終わりではなく、これは卒業なのだ」と言い張ることが、実は人間にとって最も大それた「永遠への挑戦」なのかもしれず、卒業輪廻《りんね》の世界からいい加減に足抜けしたい気分になってくるのでした。

「自分らしさ」に疲弊して

二〇一九年末の紅白歌合戦において、氷川きよしさんの生まれ変わったかのような姿を見て、感動した私。十数年前に一度コンサートへ行ったことがあったのですが、また「生で見たい！」という気持ちになり、コンサートへと足を運びました。

氷川さんといえば、長らく演歌界のプリンス的な存在であり続けたわけですが、四十代になってそのイメージから脱却し、中性的魅力を解き放つようになりました。コンサートでは、クイーンの「ボヘミアン・ラプソディ」も熱唱。この歌が最も似合う日本人ではないかと思われ、思わず目頭が熱く……。

イメージチェンジのせいか、以前のコンサートと比べ、客層は明らかに若返っていました。とはいえもちろん、昔からずっと応援してきたであろうおばあちゃん達の姿も、たくさん。

イメージチェンジ後、氷川きよしさんは、

「『きよし君』にはさよなら。『きーちゃん』として生きていきたい」

と言っていました。しかし、旧来のファンの中には、「きよし君」↓「きーちゃん」への変貌を受け入れづらい人もいるのでしょう。会場は、

「きよし！　きよし！」

と叫ぶ人と、

「きーちゃん！　きーちゃん！」

と叫ぶ人に、二分されていました。

私は、「きよし君」↓「きーちゃん」という変化を寿《ことほ》ぐ者です。それまでずっと隠してきた部分を解放することができたのだと思うと「よかったねぇ」と、言いたくなる。

しかし知り合いのおばさまは、その変貌に対して、

「何だか、なじめないわよねぇ」

とおっしゃっていましたっけ。世代的に、男性が女性的な雰囲気を醸し出すことに違和感を覚えるのかもしれません。

きーちゃんの新しい曲の中には、「わたしらしく」「あなたらしく」「自分らしく」といった言葉が、ちりばめられていました。昨今、「自分らしく」という言葉が大流行しているせいで、その言葉のインパクトが薄れていますが、きーちゃんのような人が「自分らしく」と言うと真実味があることよ、と思ったものです。

「きーちゃん」に対して「なじめない」と言ったおばさまは、おそらく「男は男らし

く」「女は女らしく」と言われて育った世代です。今となっては、「男らしく」も「女らしく」も、PC（ポリティカル・コレクトネス）的に言ってはいけない言葉になりましたが、その昔は、男の子は男らしく、女の子は女らしく躾けるのが当然。男が女っぽかったり、女が男っぽかったりするのは、明らかに罪でした。

その手の規範が怪しくなってきたのは、一九六〇年代後半からかと思われます。ヒッピームーブメント等の影響によって、髪を長く伸ばす男や、ノーメイクでジーンズ姿の女が増加。従来の男らしさ、女らしさが無視されるようになってきました。最近の若者は男女の区別がつかない、と当時の高齢者は嘆いたのだそう。

そんな時代にベストセラーとなった、『女の子の躾け方』という本があります。元東宮侍従で、現上皇夫妻の三人の子供達の御養育係を務めた浜尾実《はまおみのる》による本なのですが、ここで強調されているのは、男と女は区別して育てるべき、ということでした。

自身は五人の子を持つという、著者。男の子は「理論的な頭」を持っているのに対して、女の子はそうではなく「生活に即してものを考える」からこそ、教科書も男女同じではおかしいし、男女共学もダメ。そんなことをしていたら中性的な人間が育ってしまうではないか、とのことなのです。浜尾がカトリック信者だからということもありますが、「中性的な人間」は存在してはならないという意思が、そこにはありました。

この本には、「育児こそ女性の最高の天職」「子供は多ければ多いほどよい」といったことも、記されます。今では過激に聞こえる浜尾の論は、彼が当時の世に危機感を覚えていたからこそのものだったのでしょう。男も女も中性化が進む中で、「女らしい女」の像を、浜尾は世に示さずにはいられなかったのではないか。

この本はおおいに売れたものの、男女共学は禁止されませんでしたし、男女は同じ教科書を使い続けて、今に至ります。

「女の子がそんなことをしたらおかしい」

「男の子のくせに泣くな」

といったフレーズが、今や子育ての現場において禁句となっていることを知ったら、浜尾は草葉の陰でどれほど嘆くことでしょう。

今となっては、男らしく生きることが苦痛な男も、女らしく生きたくない女もたくさんいることが、わかってきました。性ははっきりと二分されるものではないという意識が広まり、様々な性意識を持つ人が自らを偽らずに生きるようになったのであり、氷川きよしさんの「自分らしく」という宣言も、その表明でしょう。

「自分らしく」という言葉は今、男らしさや女らしさという軛《くびき》に苦痛を覚える人以外にとっても、便利な言葉になっています。歌のみならず、ドラマやコマーシャルなど、あらゆるシーンで「自分らしく」は使われまくっているのです。

先日は、とある病院の女子トイレに入ったら、

「自分らしく生きられないと感じたときに」

と書いてあるパンフレットが置かれているのを発見しました。それも、発行しているのは地元の自治体。「今時は自治体まで、自分らしく生きるサポートをしてくれるのか」と思わず手にとってみたら、それはＤＶで悩んでいる人に、「悩んでいないで相談しましょう」と勧めるパンフレットだったのです。

また、結婚関係の雑誌には「自分らしい結婚式」をするようにとの記事がありましたし、中高年向け雑誌の終活特集には、

「自分らしい葬儀がしたいですね」

との高齢者の声が。我々は今、最後の最後まで自分らしくあり続ける努力をしなくてはならない時代に、生きています。

そこで湧いてくるのは、今の世の人々にとって「自分らしく」生きるのはそんなに難しいことなのか、という疑問です。特に若い世代が好む歌などを聴いていると、自分らしさを激しく希求している様子が感じられて、心配になってくる。

「自分らしく」との言い方は、私が若い頃は、今のように流行していませんでした。若者だった我々が「自分らしく」生きていたのかどうかは定かではありませんが、少なくとも自分らしさを抑圧されているという意識は、なかったと思う。

私が「自分らしく」という言い方を初めて意識したのは、二〇〇三年に刊行した『負け

犬の遠吠え』が、テレビドラマになった時のこと。物語の詳しいストーリーは忘れたのですが、テレビドラマの常としてすったもんだがあった末に、久本雅美さん演じる主人公が、

「自分らしく生きていこう!」

と心に決めて、ドラマは終了したのです。

この時点で私には、「自分らしく」という言葉が新鮮に聞こえていました。「なるほど、こういう言い方は負け犬にとっていいかもね」と思ったことを、覚えています。女は結婚して子供を産んでナンボ、という固定観念から解放される響きがあるではないか、と。

以前から「自分らしく」という言葉は、存在していたとは思います。が、その辺りから、日本では急激に、「自分らしさ」を崇《あが》める気運が高まっていったのではないか。

たとえば、同じく二〇〇三年にはSMAPが「世界に一つだけの花」を歌って、大ヒットとなりました。今も歌い続けられるこの歌は、「ナンバーワンでなくてもオンリーワンでいいんだよ」という内容であり、作詞作曲は槇原敬之《まきはらのりゆき》さん。似たような主張を持つ相田みつをカレンダーとの相乗効果もあり、無理して努力したり自分を装ったりするのではなく「そのままでいい」的な空気が、日本を包んだのです。

当時の日本は、バブル崩壊以降の景気低迷が長引き、ゆとり教育が本格化したという時代。一方では、六本木ヒルズができて「ヒルズ族」のような人達も登場。パッとしない日本に対する諦めムードが漂う一方で、機を見るに敏《びん》なヒルズ族も確実に存在すると

いう事実を見せつけられて、人々は「これでいいのか、自分」という気持ちになっていたのでしょう。

高く、太くそびえる六本木ヒルズの高層階で、ＩＴ長者が美女とシャンパンを開けていると思えば、焦りや自己嫌悪が湧いてくる。そんな時に「オンリーワン」とか「そのままでいい」と言ってもらうと、安全地帯に逃げ込んだような気持ちになることができる。……というわけで、我々は「このままでいいんだね」と、安心したのです。

「そのままでいい」的な言葉は、既に問題視されていた格差社会に抗《あらが》おうとする人々の牙を抜く役割を果たしました。「そのままでいい」とか「あなたのせいじゃない」などと言われて安心し、「そのまま」であり続ける人が多かったため、ヒルズ族は安心して長者であり続けることができたのです。

現在の「自分らしく」ブームもまた、そこからの流れを汲《く》んでいます。無理して頑張ったりせず、自分のあるがままでよい……という空気は、変わらずに日本を覆い続けていると言っていいでしょう。

しかし微妙な差異は、あるようです。二〇〇〇年代初頭の「自分らしく」は、ヒルズ族のようなきらきらしい存在から目を逸らすための言葉であったのに対して、今の「自分らしく」からは、そこはかとない被害者意識のようなものが漂う気が。すなわち、「自分らしく生きたい」

といったフレーズに反応する昨今の若者は、自分達は仮想敵から「自分らしさ」を奪われている被害者だ、という意識を、持っているのではないか。

若者には敵がつきものですが、従来の若者にとって、敵といえば大人でした。ヒッピームーブメントの時の若者は「三十歳以上は信じるな」と言っていましたし、一九八〇年代のツッパリ（今で言うヤンキーのこと）は、自分達を管理し、抑えつけようとする大人達に対して、突っ張っていたのです。

では今の若者の「自分らしさ」を奪っているのは大人なのか、と考えてみますと、そうではなさそうです。若者は今や、貴重品。個性の芽を摘むような従来の教育法はよくないということで、個性を尊重する教育に切り替える努力も、なされてきました。いずれにせよ、大切な「お客さま」であり「フラジャイル」である若者を、大人達は真綿でくるむように育てています。

だからこそなのか、若者達は大人が眉をひそめるようなことを、あまりしません。酒やタバコを禁じる以前に、「そんな身体に悪いものを摂取するなんて無駄」と、最初から興味すら持っていない。ギャルが跋扈《ばっこ》していた時代までは盛んに言われていた性の低年齢化についても、

「セックスとか、それほどしたくないですし……」

という感じ。羽目を外すといっても、せいぜいハロウィンの夜に仮装するくらいが、

関の山なのです。

若者はこのように、大人から何かを強制されているわけではなさそうです。それなのに何故、彼等は「自分らしく生きることができない」と感じているのかと考えてみますと、それは「何にも強制されていない」せいではないか、と思うのでした。

若者が大人から何かを強制されると、否が応でも「私がしたいのは、そんなことではない！」と、自分の本当の欲求なり意思なりが浮かび上がってきます。親や教師といった大人から理不尽な強制を受けた結果として、昔の日本の若者は、「自分らしさ」を簡単に見つけることができました。

対して今の若者は、生まれた時から「そのままでいい」と言われているが故に、「自分」の輪郭がほんわかしたまま大きくなり、だからこそ、自分の芯の部分を見つけづらいのではないか。

大人という「上」の世代が敵ではなくなった若者達の敵は、「横」に存在していそうです。私の出身校は私服の学校なのですが、今の後輩の高校生達は、一見すると私服の学校とはわからないほど、全員がチェックのスカートにハイソックスにセーターかブレザーという、制服のような格好をしています。

「なんで皆、似たような服を着るの？」

と高校生に聞いてみたら、

「一人で違う服なんて、怖くて着れない」

と言っており、その感覚は「私服の学校あるある」なのだそう。相互監視の視線が厳しいが故の自己規制なのであり、ツッパリ全盛期の改造制服の方がよっぽど個性的。もしかすると個性を育てるのは、自由ではなく規制なのかも……。

加えて今の若者は、SNSによって四六時中、相互監視下にあります。彼等から「自分らしさ」を奪っているのは、大人ではなく自分達自身。だからこそ彼等はその打開策を見つけづらく、

「自分らしく生きたい」

と、延々と歌ったり叫んだりし続けなくてはならないのではないか。

大人から理不尽な強制を受ける機会が減ったのはよいことですが、悪者は大人だ、と言うことができずに「自分らしさ」という、すぐ近くにありそうでないものを探し続ける今の若者を見ていると、可哀想にもなってきます。

「高校生は、高校生らしく！」

とか、

「女は、女らしく！」

といった、いかにも反発しやすい規制を大人達から為されていた時代は、「高校生」とか「女」といった枠を乗り越えたり壊したりする楽しみが、若者には与えられました。

枠を破壊する行為には「生きている」という実感が伴い、その時の自分が自分らしいかどうかなど、考えなくてもよかった。

対して今の若者には、「らしさ」という枠が押し付けられません。他者から何も強制されない代わりに、正解のない「自分らしさ」を探し続けなくてはならなくなったのであり、たとえば制服のない高校における私服の制服化は、「枠があった方がラクだ」と知った若者による、自縛制度なのではないか。

「そのまま」や「ありのまま」を求めて彷徨《ほうこう》する若者達は今、大人達よりもよっぽど保守的な思想を持ち、強権的な権力者を支持する傾向が強いのだと言います。若者といえば自由を求めるものではなかったの？……とヒッピームーブメントを知る人達は思うかもしれませんが、今の若者はもはや、自由などというありきたりのものには辟易《へきえき》しているのかもしれません。

自分らしさを探し続けることには、もう疲れた。もたれかかることができる「枠」が欲しい。……ということで、キツい枠をもたらしてくれそうな権力者を彼等が求めているのだとしたら、時代はここから巻き戻っていくのかもしれず、「時代は繰り返す」とはこういう現象なのか、と思うのでした。

「『気づき』をもらいました」

知人の若者がSNSにおいて、好きなアーティストのライブに行った時の感動について、綴《つづ》っていました。その最後の締めの文章は、

「色々な気づきをもらった。感動をありがとう」

というもの。

ステージ上で熱く歌うアーティストの姿に接して、彼と我との違いに刺激を受けた彼は「こうしてはいられない。自分も頑張らなくては」と思ったらしいのです。そんな彼が、

「色々なことに気づいた」

でもなければ、

「色々なことに気づかされた」

でもなく、

「気づきをもらった」

と書いているところに、私は「今風〜」と思ったことでした。

「気づき」という言葉は、「気づく」という動詞を名詞化したものと思われ、ここのところしばしば目にする表現です。「気づいた」でいいではないか、ついでに言うなら後半の「感動をありがとう」も「感動した」でいいんじゃないの？　と思った私。つまりその文章を平板に書くならば、

「色々なことに気づいて、感動した」


で済むのではないか。

彼の文章は、さらに長くすることも可能です。書き手の心情を略さずに書くと、

「……という気づきをもらった。感動を与えてくれてありがとう」


ということになりましょう。つまり書き手は、「気づき」や「感動」を、自分はアーティストからプレゼントされたのだ、と表現したいものと思われる。

自身の感情の動きを、他者から「もらった」ことにしたいという、昨今のこの傾向。二〇〇一年に、当時の首相であった小泉純一郎氏（知らない方に注・小泉進次郎氏の父君です）が、横綱・貴乃花の相撲に対して、

「痛みに耐えてよく頑張った。感動した！」


と言った頃と比べると、その辺りの感覚はだいぶ変化しています。

小泉氏の、「感動した！」を、思い返してみるならば、「感動」を生み出したのは、小

泉氏本人です。膝を故障しながらも武蔵丸《むさしまる》に勝利して優勝した貴乃花の姿を見た小泉氏が、自身の感情を動かしたのです。

しかしもしも小泉氏が、

「痛みに耐えてよく頑張った。感動をもらった！」

と言ったならば、この時の「感動」は、小泉氏が生み出したものでなく、貴乃花から小泉氏に進呈されたものになります。きっと小泉氏は「感動をもらった！」の後に、「ありがとう！」と言ったに違いありません。

昭和時代を長く生きた政治家らしく、感動したのは自分自身だ、ということを小泉氏はストレートに表現したのであり、そのストレートさは、平成当時においても話題になったものでした。人々が感情をやったりとったりしがちな時代の今、時の首相がもしも同じシチュエーションに立ったなら、

「感動をもらった！」

と言うのかもしれません。

感情を自らの中から湧きでたものでなく、他者から「もらった」ことにしたいという傾向の源泉をたどると、二〇一一年の東日本大震災に行き着くのではないかと、私は思っています。大災害の後で、「被災地のために、少しでも何かをしたい」という気持ちになった、日本人。それぞれが自分のできる方法で被災地のことを思ったわけですが、

そんな中でしばしば耳にしたのが、アスリートなどによる、

「一生懸命プレーをして、被災者の方々に勇気を与えたい」

といった発言でした。

震災後は、スポーツの試合や歌舞音曲のステージなどについて、「この非常時に、そんなことをしている場合か」という自粛ムードが強まりました。しかしそんな中で、スポーツなり歌なり踊りなり、自分の役割を頑張って遂行し、良いパフォーマンスを見せることによって被災者の方々に元気を出していただきたい。……との意を表明する人々が次第に増えてきたのであり、その時に「勇気を与えたい」的な発言が目立ったのです。

特にアスリート達は、普段は主にスポーツのことを中心に考えて生きていますから、基本的にインタビューなどは苦手な人が多いものです。結果、何か汎用性の高い言い回しが発見されると、様々なジャンルのアスリートの間で一気に流行する傾向があるのですが（「試合を楽しみたいです」「次につなげます」など）、震災後はこの、

「勇気（もしくは元気、感動などの場合も）を与えたい」

というフレーズが、おおいに流行ることとなりました。「与える」というのは、立場が上の者が下の者に対して何かを授けることを言うのだがなぁ、などという瑣末《さまつ》なことはどうでもいいとして、とにかく彼等は、本業にはげむことによって、物資でも労働力でもないけれど、何らかの心の動きを被災地の方々にもたらしたいという気持ちを表明

したのです。

この時、

「僕らは頑張ってサッカーをしますんで、その姿を見て元気を出してください」

では、「元気を出すのも自己責任」という突き放したムードが漂い、両者の間は分断されてしまいます。そうではなく、アスリートと被災者の間に何らかの心理的なやりとりがあるという形をとりたいと思って、彼等は「勇気を与えたい」と言ったのではないか。

勇気や元気を「与えたい」という発言に対しては、

「勇気をもらいました」

「感動をありがとう」

というレスポンスが、戻ってきました。被災者からのみならず、震災によって鬱々としていた多くの国民が同様のことを思っていたのであり、勇気を謹呈することによって感謝が戻ってくるという贈答の図式が、あちこちで成立したのです。

我々は、贈答行為を極めて大切にする国民性を持っています。誰かに何かをあげるのが大好きだし、何かをもらったら返さずにはいられない。

何かをもらった後でお返しをするのは、もちろん日本人だけではありません。お返しをしないと、あげた側に従属することになってしまう、といった感覚は世界中に存在するようですが、日本では特にその感覚が極端かつ律儀。やったりとったりが、頻繁に行われています。

　日本文化の中心地である京都では、特に贈答行為への意識が高いようです。何かをもらったなら、可及的速やかに、できればその場でお返しを渡すべきで、そのお返しを「おため」と言うのだそう。ご近所さんから何かおすそ分けなどをもらった時に、すぐに渡すことができる「おため」を常備している家庭もあるとのことなのです。

　東京においては、返礼に対する強迫観念は京都ほどではありません。それでも誰かから誕生日プレゼントをもらったらその人の誕生日もお祝いしなくてはとか、旅行のお土産をもらったら自分も次の旅行ではお土産を買ってこよう、といったことは考えるもの。

　贈答は、面倒な行為です。新婚旅行に出たカップルは、お祝いしてくれた人へのお土産探しに、四苦八苦。近所の人がタッパーに煮物を入れて持ってきてくれたなら、そのタッパーを空で返すわけにはいかず、「何か差し上げられるものはなかったか」と、探すことになる。

　一方で贈答は日本人にとって、コミュニケーションを活性化するための大切な手段でもあるのでした。バレンタインデーというイベントが外国から入ってきたならば、ホワイトデーというお返しのイベントも設定せずにはいられない我々。面倒臭くはあるものの、チョコレートやお菓子をやりとりするのはどこか嬉しく、コミュニケーションが活性化するのは確かです。

このように贈答行為に特別な意味を見出している我々であるからこそ、震災という非常時には、言葉の上で、感情のやりとりをせずにいられなかったのでしょう。ボランティアなどで直接被災地の力になることができなかった人も、せめて勇気や元気をもたらしたくなったし、それを受け取った人は謝意を返す……という双方向のやりとりをすることによって、人々は心の安定を得ようとしたのではないか。

その時の感覚が、日本人の中には今も残り続けているように私は思います。「気づく」という動詞を「気づき」と名詞化する動きの背景にあるのも、同様の感覚によるもの。

すなわち、

「……ということに私は気づいた」

だと、気づいたのは自分自身なので、そこからの広がりはありません。が、

「……という気づきをもらった」

の場合は、なにせ「もらった」わけですから相手が存在することになり、相手への謝意が発生しましょうし、「いつか何らかのお返しをしたいものだ」との感覚も発生しましょう。動詞を名詞化することによって、「やりとり」が発展する予感が、漂うのです。

日本古来の「おかげさま思想」と、それが強まって発生した最近の感謝ブームも、感情のやりとりの活性化には関係しているように思います。我々の中にはもともと、「手

柄を自分だけのものにしてはならない」という感覚があります。成功や幸福を手にしても、それは自分の力によるものではなく、家族や友人知人、そして神様仏様のおかげだと思うようにと、徹底して指導がなされているのです。

最近はとみにその傾向が強まっており、〝感謝ブーム〟の様相を呈しているようです。特に若者は小さい頃から感謝に溢れた世に生きていますので、誰から言われずとも、隙あらば感謝しようと狙っている。

動詞の名詞化は、そうしてみると感謝の機会拡大のために行われている気も、してくるのでした。「気づいた」だと、気づいたことの手柄が自分のものになってしまいますが、「気づき」と表現すれば、「もらう」ことが可能になるので、手柄を相手のものにすることができる。「気づき」をくれた相手に「ありがとう」と言うことができるではないか、と。

同じように「感動した」ではなく「感動をもらった」にすれば、相手に花を持たせることができ、もちろん感謝をすることができる。「勇気が湧いた」でなく「勇気をもらった」、「元気になった」ではなく「元気をもらった」という使い方にしても、同様のことが言えましょう。

それは、自分よりも相手のことを大切に考えた、優しいものの言い方です。小泉元首相の、

「感動した！」

は、内奥からの興奮の噴出をストレートに表現したからこそ話題になりましたが、今時の人にとっては少し、自分アピールが激しすぎるように聞こえるのではないか。

やったりとったりするのが、勇気や元気や感動など、ポジティブな感情ばかりであるところからも、今時の人の優しさがにじみ出ます。

「恨みをもらいました」

とか、

「悲しみを与えられた」

という表現が見られないのは、やはりネガティブな感情がやりとりされると、「ありがとう」とは言えなくなってしまうから。

どんな時も「ありがとう」を忘れず、自分よりも他人のことをまず考えるという優しいもの言いをする今時の人々は、しかし言葉の上で少し受け身になりすぎてはいまいか、という気もするのでした。感動やら勇気やら元気やら気づきやらを自分の中で生み出したり、それらを積極的に獲りに行くのではなく、常に誰かから与えられることにしておきたいというのは、優しいと言うこともできるし、怠惰と言うこともできる。マグロ状態（生きている時のマグロではなく、人間の性行為中のそれを指します）と言うこともできましょう。

このまま行くと、

「おいしい！」

といったストレートな表現は敬遠され、

「おいしさをもらった」

と言わずにいられない人が出てくるのではないか。……と考えた時に思い浮かぶのは、若者達が頻用する「おいしみ」とか「ヤバみ」といった「み」表現です。最後につけることによって、動詞も形容詞も、無理矢理名詞化することができる「み」が、彼等の間では便利に使用されている模様。

どの時代の若者にも流行り言葉はありますが、「み」は特に、時代の空気をよく表している表現です。たとえば「わかりみが深い」といった言い方を見ると、「わかった」と言うよりも、「わかる」ということからの距離が離れているのであり、誰が「わかった」のかを曖昧にさせる。

それは、「わかりみ」が自分のところに舞い降りてきた、という感じ。努力して理解しようとしたというよりは、はからずも理解してしまったという、僥倖《ぎょうこう》感が漂うのです。

「嬉しい」でなく、「嬉しみがある」。

「すごく眠い」ではなく、「眠みがすごい」。

こういった表現を聞いていると、若い人達が森の中で、名詞化された感情を楽しげに採取している様が、目に浮かぶようです。感情のコントロールが難しいお年頃だからこそ、「み」を使って距離を置くようにしているのかもしれない若者達。うまいこと言うな、と思うのですが、やがて「ヤバみー」と言いづらい年齢になった時に、感情の生々しさに打ちのめされないようにはしてほしいものだと思います。

コロナとの「戦い」

二〇二〇年三月半ば。安倍首相（当時）は、

「人類が新型コロナウイルスに打ち勝つ証として、東京オリンピック・パラリンピックを完全な形で実現する」

などと言っていたのですが、あの頃の首相は本当に「他の国のことはさておき、我が国はウイルスを制圧してオリンピックを開催する」と、思っていたのか。それとも第二次世界大戦中、敗戦の気配が濃厚であったのに国民には嘘の戦況を伝えていた時のように、「ま、多分オリンピックなんて無理だけど、今はこう言わざるを得ないよね」という気分の中での発言だったのか。

おそらく後者なのだとは思いますが、事実、同月末にはオリンピック・パラリンピックの延期が決定。感染者が増えていく中で首相は、

「恐ろしい敵と、不屈の覚悟で戦い抜かなければならない」

「長期戦を覚悟する必要がある」

と、戦闘モードを強めました。もうオリンピック・パラリンピックは延期されたので、安心して「長期戦」と言うことができるようになったのです。

新型コロナウイルスの蔓延を止める、ということを戦争に喩《たと》える首相に対して、「ウイルスと人類は共存していかなくてはならないというのに『戦う』だの『勝つ』だのと言うのはナンセンス」

という批判もありましたし、その後は「ウィズコロナ」の意識も浸透していったのです。しかしコロナの流行が始まってからまだ日が浅かった当時は、

「うまいこと新型コロナウイルスと共存してまいりましょう」

などと首相が言っていたのでは、国民に危機感は伝わらないと思われたのでしょう。

「あなた自身の命の危険もおおいにある、危険な状態なのですよ」と国民に知らしめるためには、戦いに喩えるのが最も手っ取り早い手段であり、コロナは「戦う」相手、との認識は世界中に広がったのです。

当時、アメリカのトランプ大統領も、いち早く「これは戦争だ！」と語り、「戦時下の大統領」と自称しました。イギリスのエリザベス女王も、

「私達はウイルスとの戦いに勝つ」

と述べていましたし、その後もイースターのスピーチで、

「私達がウイルスとの戦いに負けることはない」

と語っています。

宣戦布告は、下っ端ができるものではありません。ですから「これは戦争だ」的な発言は、国のトップが語ってこそ意味があります。

トランプ大統領などは元々が好戦的な性格であり、「戦時下の大統領」になって生き生きしているようにも見受けられました。そういえば同じ共和党のジョージ・W・ブッシュ元大統領も、二〇〇一年のアメリカ同時多発テロの時に、

「これは戦争だ！」

と言っていたものです。あの時は、ウサーマ・ビン・ラーディンやタリバーンという目に見える敵が存在したため、アメリカ国民の愛国心は熱くたぎっていました。戦時下の大統領になれば、戦争に勝利した大統領になる可能性もあるわけで、ブッシュ元大統領はその事実に興奮しているようにも見えました。

エリザベス女王もまた、「戦い」という言葉が似合います。女王は、第二次世界大戦中に、既に子供ではありませんでした。陸軍の女性部隊に所属して軍服を身につけていたのであり、戦争をリアルに知っています。ジョンソン首相やチャールズ皇太子がコロナに感染したということもありますが、イギリス国民は「女王が言うならば」と、家の中にじっとしている覚悟を決めたのではないか。

ドイツのメルケル元首相は、コロナ問題に関するスピーチで、

「第二次世界大戦以来、これほど一致団結した行動が求められる試練に直面したことはない」

といったことを述べていますが、「これは戦争だ」とか「戦おう」といった言葉は避けています。やはりドイツでは今も、戦争を思い起こさせるのはまずい、との意識があるのかもしれず、「団結」は強く求めたものの、それを「戦い」には仮託しなかったのです。

では第二次世界大戦時、ドイツとお仲間であった我が国も「戦争」表現を忌避するかといったら、そうではありませんでした。それは別によいのですが、「不屈の覚悟で戦い抜かなければならない」と首相に呼びかけられても、今ひとつこちらの気持ちが鼓舞されなかったことは、事実です。それよりも志村けんさんの死の方が、弔い合戦的な感覚で「気を引き締めなくては」という思いを生むきっかけに。

国民の士気を高めようとする安倍首相の語りかけが何故、効かないのかと考えてみますと、まずは首相自身が「戦い慣れていなさそう」というところがありましょう。首相は戦後生まれですから、先の戦争のことは知りません。のみならず彼は、人生における戦いも、あまり経験していなさそうです。小学校から大学までエスカレーター式で進学し、受験戦争とは無縁。会社員をしていた時期も少しあったようですが、父の死後は、政治家という家業を継ぐことに。長州には盤石の地盤がありますから、選挙戦もいつも安心して臨むことができたでしょう。

もしも本当の戦争になったら尋常でない力を発揮しそうなトランプ大統領や、年齢的に言っても、ほとんど神の領域に入りつつあったエリザベス女王などと比べると、安倍首相はいかにも、

「戦おう！」

といった発言が似合わないのです。

むしろその手の言葉がしっくりくるのは、小池百合子東京都知事なのでした。小池さんはといえば、いつも誰かと対決しています。都知事選挙の時は他候補のみならず、自身が所属していた自民党とも対決。見事勝利して都知事になってからは都議会と対決、オリンピックの招致では森喜朗《よしろう》氏と対決……と、戦いを忌避しないタイプであり、勝つためには手段を選ばない印象があります。布マスクを国民に配布する、と首相が発表した後も、小池知事は、手作り風のマスクや不織布のマスクを使用し、マスクにおいても首相には阿諛《あゆ》しないというアピールをしていたのです。

図らずも、戦時の指揮官としての適性をあぶり出しているコロナ禍《か》ですが、適性はどうあれ多くの人々から、

「コロナと戦え！」

と鼓舞され、テレビ番組などでも毎日のように、

「コロナに負けるな！」

と言われていた我々。その中で困惑したのは、「戦い」の内容が今ひとつ、戦いっぽくないというところです。

なにせ敵は目に見えないので、「鬼畜米英！」などと憎むことによって気持ちをアゲることができない。我々に課された最も大きな責務は、「不平を言わず、家にいる」ということであり、とくだんに戦意やら勇気やらをふり絞らなくともできる、というよりもその手のものを出してしまうと積極的になりづらい行為だったのです。

戦時中の竹槍訓練のような擬似戦闘行為も、もちろん必要ありません。爪の裏までの手洗いやドアノブの消毒等は必要ですが、それも武張った心より、重箱の隅をつつくような精神を必要とする行為であり、戦争っぽくない。

第二次世界大戦中、日本では多くの標語を作って、国民の士気をあげようとしていました。

「産めよ殖《ふ》やせよ」

は、未来の兵士となる子供をたくさん産ませるためのコピー。

「足らぬ足らぬは工夫が足らぬ」

は、食料や物資の不足に対する不平を封じるため、「もっと工夫をすれば、足りないものは補える」とのアピール。そして、

「進め一億火の玉だ」

は、「一致団結すれば大国にも勝てる」という意味でしょう。

日本においては、第二次世界大戦中に乱発されたスローガンのトラウマが強いためか、その後はどのような国難に際しても、国がスローガンを提示することは禁じ手になっています。マスク不足を糾弾する人々に対して、

「足らぬ足らぬは工夫が足らぬ」

などと言ってしまっては、炎上必至。「自粛のお願い」やら「協力の要請」というように、はっきり言い切らなかったり下手に出たりと、ピリッとこない言葉が日々、責任ある立場の人から聞こえてきたのです。

コロナ流行の初期、我々が最も戦争感を覚えたのは、買い物のシーンにおいてでした。緊急事態宣言がいつ出るか、という頃には食料品やトイレットペーパーを皆が買いに走りましたが、スーパーの殺気立った雰囲気はまさに、戦い。宣言が出た後は、「感染するのではないか」という気持ちから、スーパーに行くのも戦々恐々になりました。マスクなどのお宝を入手するには、さらなる武運が必要だったものです。開店前にドラッグストアに並んだり、何店も巡るなどしないと、マスクは手に入らなかったのですから。

そんなある日、地元のドラッグストアを巡回していると、目立たないところに消毒用

エタノールのボトルがひっそりと並んでいるのを発見しました。冷静を装ったものの、ボトルを見た瞬間にはアドレナリンがドクドクと噴出。「戦時中の人達も、買い出しに行って米が手に入った時とか、こういう気持ちだったのではないか」と思いつつレジに並んで購入できた時の僥倖感と高揚感は、今までに感じたことのないものでした。

第二次世界大戦についての本を読んでいると、人々は数年前から、次第に近づく軍靴の音を感じていたようです。いつ開戦するのか、という不安な気持ちが高まっていった末に、とうとう真珠湾攻撃が実施されたのです。

対して今回は、戦争のことなど誰も考えていない時に、擬似戦争が始まりました。第二次世界大戦での敗戦後、日本は武力を放棄して戦争をしないことになりましたが、コロナとのエア戦争は、憲法第九条に全く抵触せずに始まったのです。

日本がリアル戦争には参加していないこの数十年の間にも、我々は自分の中で、「これは戦争だ」という個人的緊急事態宣言をしばしば出してはいました。たとえば難しい病にかかった時は、病に立ち向かおう、ということで、「病気との闘い」とか「病気に負けない」といった言葉が、しばしば使用されます。

加齢現象に抗うことを「戦い」と見なす傾向も、目立ちます。

「ほうれい線に勝つ」

「紫外線に負けない」

といったコピーは、女性誌やら化粧品の宣伝でよく見るもの。唯々諾々と老化していくのでなく、老化に抗うべき、と人々の戦意を高揚させることによって、女性誌や化粧品の売り上げはアップするのでしょう。が、シワやシミがあるとそれは「負け」なのかと思うと、納得のいかない気持ちになってきます。

死や老化を敗北とする感覚は、日本の長寿化が進んだからこそのものです。いつまでも若く、美しく、元気で長生きする人が勝者で、それ以外は敗者。……という感覚は、戦争で人が死なない国であるからこそ発達したのだと思う。

死や老化とは無縁な若者の世界でも、「戦え」というアジテーションは好まれていました。いわゆるJ－POPの世界でも、二〇〇〇年前後から、「負けるな」「勝て」「強くなりたい」といった歌詞が、目立つようになってきたのです。

それらの歌の歌詞を見ると、好きな人に会えない時間にじっと耐えることが「負けない」ことであり、「強さ」でもあるようなのでした。すなわち敵は、自分の弱さ。若者にとって恋愛は一大事であり、好きな人に会えないのは苦しいものです。その苦しさを乗り越える手段として、寂しさを敵と見なす思考が開発され、「敵に勝つ強さが欲しい」的な歌詞が生まれたのではないか。

何かを敵と見なすと、「正義は我にあり」と思うことができ、正義を守るために戦う自分にウットリすることができます。そのウットリ感がまた、甘い恋愛にピリッと効くスパイスとなる。

会いたい人に会えなくても我慢せよ。なぜなら今は戦いの時なのだから。……という理屈は、コロナを戦争と見なす感覚と共通するものがあります。そして、本当は戦争でない事象を「これは戦争だ」とすることの最大の目的は、この「ウットリさせる」ことにあるのではないか、と私は思うのでした。

戦争は、ある種の陶酔感と共に進行していきます。冷静な頭ではとてもではないけれどできない行為であるからこそ、国側は国民をあの手この手で酔わせようとしました。日本は神の国で、敵は鬼畜。最後は神風が吹く、はず……と、兵士のみならず全ての国民に思わせようとしたのであり、そのＢＧＭはもちろん軍歌。

今も自衛隊に受け継がれる旧陸軍の行進曲などを聴いていると、悲壮感の漂う短調のリズムに、「これは確かにウットリする……」と思うものです。旧海軍の「軍艦マーチ」にしても、こちらはすっかりパチンコ店を想起させる曲になってしまったとはいうものの、ちゃんと聴くと、精神を高揚させる曲調であることがわかります。

敗戦後、戦争を放棄した日本においても、そのウットリ感については、懐かしく思った人はいたようです。また、戦争のことを全く知らず、もはや徒競走すら「勝ち負けをつけるのはよくない」などと全員一緒にゴールする時代に育った若者も、戦争は陶酔を伴うことを、戦隊ものなどによって理解していた。むしろ戦争の無い時代、戦争がもたらすウットリ感への憧れは、強まったのかもしれません。

恋愛であれ老化であれ、何かつらいことに直面した時、我々が「これは戦争だ」と思って乗り越えようとするのは、そのウットリ感が持つ精神を麻痺させる力に期待するからなのでしょう。未だ知らぬ戦争だからこそ、我々は好きなようにウットリの翼を広げることができるのです。

世界の為政者達は、そのウットリの力を、コロナ対策に用いようとしました。家にいるとか手を洗うといった地味な行動が「戦い」の中心でしたが、それがいつまで続くかわからないとなると、ウットリの効果も減ってしまうのは、第二次世界大戦の時と同様。ウットリ感もいいかげんすり減るコロナとの長期戦において、いかにして国民の戦意を鼓舞し続けて地味な行為を徹底させるか。……為政者の言語能力が問われ続けるという部分においても、コロナ禍は戦時下だったのです。

追記：その後、コロナが五類に移行したことによって、我々はまさに「ウィズコロナ」の日常を生きることに。コロナとの戦いはひとまず終結したが、「あの時、戦わされそうになった」という記憶は、生々しく残る。

「三」の魔力

私は毎晩、寝床で何かを数えるという習慣を持っています。それはたとえば「竹かんむりの漢字（笹、箱、算……）」とか「漢字一文字の名字を持つ知り合い（森さん、林さん、原さん……）」とか。

もう何十年も続けている作業なので、数えるネタもとっくに尽きているのですが、同じものを何度数えても飽きないのが不思議なところです。数えているうちに眠くなり、途中で意識を失うのが常なのでした。

様々なものを夜な夜な数えていて気づいたのは、日本における「三」という数字の重要性です。たまに、「知り合いの中で、漢数字が入る名字の人」を数えてみることがあるのですが、一から十までの数字の中で、否、「百」「千」「万」を含めても、「三」を使った名字の人が圧倒的に多い。

「一」なら、一山さん、一木さん。「二」なら、二村さん、二岡さん。……と、ちょろっとしか思い浮かばないのですが、「三」になると、三浦さん、三田さん、三島さん、三沢さん、三宅さん……と途端に増えて、十種は軽く超えていきます。しかし「四」以降になると、再びちょろっとしか思い浮かばず、「六」に至っては、あいにく六平直政《むさかなおまさ》さんは知り合いではないので、ゼロ。

「漢数字が使用されている日本の地名」を数える時も、同様の傾向があります。やはり他の数字に比べると、「三」がつく地名はぐっと目立つのでした。

日本三大〇〇とか三名〇〇と言われるものも多いですし、ことわざや慣用句でも、「三日坊主」やら「三度目の正直」やらと、やはり「三」の使用頻度は、他の数字に比べて高い。「三」は日本の数字界において、最も好かれている人気者なのです。

となりますと、コロナ禍において「3密」という言葉が登場したのも、納得のいくところ。「2密」でも「4密」でもなく、「3密」であることが、重要だったのです。

なぜこのように「三」が好まれるのかと考えてみますと、ざっくり言うならば「二」では少なすぎ、「四」では多すぎるからなのでしょう。知り合いに非常に弁の立つ人がいるのですが、会議などで発言する時に、やはり「三」という数字を多用するのだそう。

「今回、こちらの案を推す理由は三点あります。すなわち……」

というように、ポイントを三つに絞って説明すると、聞き手の注意を喚起しやすいと、その人は言います。ポイントが二つだと「それしかないの？」という感じだし、四つになってしまうと「覚えきれない」となるので、三つがちょうどよいのだ、と。

さらに三は、二で割り切れないが故に落ち着きがよい数字です。仏教用語でも奇数が多用されていますが、中でも特に、三界、三蔵、三昧、三途……と、三をよく見かけるのでした。

我々にとって最も親しみ深く、座りのよい数字が、「三」。しかし座りがよすぎるあまり、何かが「三」でくくられた時点で、その中身のことはよく考えなくなる傾向も、あるように思います。

たとえば、「日本三景」とか「国民の三大義務」などと言われると、パッと思い出せないもの（私だけ？）。観光地に行くと、「日本三大○○の一つ」と説明される建造物やら山やら木やらが乱立し、「他の二つが書いてないけど、適当に自称しているだけなのでは？」という疑念が湧いたり。また世界三大美女はクレオパトラと楊貴妃と小野小町だと言いますが、明らかに日本以外の国の人は小野小町のことは知らないだろうよ、とも思うのです。

「3密」にしても、サンミツサンミツと唱えているうちに、その内訳がよくわからなくなるのでした。人がたくさん集まる「密集」がいけないのはわかるけれど、あと二つの密って何だったたっけ。密会？　密輪？　濃密？　隠密？　……などと。

「3密」は、偉い人が考えた言葉なのでしょうが、

「感染拡大を防ぐには、たくさん人が集まるという数的問題、近くに人がいるという距

離的問題、風通しが悪い場所という空間的問題を解消しなければならない。……これって全部、『密』の字で説明できる！」

と思いついた時は、かなり嬉しかったものと思います。かつて好まれた結婚条件「3高」や、人が集まりづらい仕事の条件「3K」などと同様、三でくると語呂もよいし、一気に受け入れられやすくなるのですから。

狙い通り、「3つの密」は瞬く間に日本中に広まりました。しかし一方では私のように、「三ナントカ」とくくられた時点で思考停止になってしまい、その中身のことを考えなくなる人が出てきてしまったのです。

慣用句化しやすい、「三ナントカ」ではありますが、「南無阿弥陀仏」のような言葉と同様、私のような者は響きとしてしか捉えずに、内容を見なくなってしまいます。また、三は〝センター〟がつくられやすい数なので、センター以外が霞みがちという事情もありましょう。

「3密」のセンターは、やはり「密集」です。人が多いお店などを見ると、

「すっごく密！」

と思うのであり、最も〝密感〟が強い。対して、最も忘れられがちな影の薄い存在は「密閉」でしょうか（個人の感想です）。古い例で恐縮ですが、「密閉」はたのきんトリオのよっちゃん、シブがき隊ならふっくん的な存在なのでした。

すなわち三は、最も小さなピラミッドとなる数字なのです。センターとかトップがつくられがちだから、上下関係もできやすくなる。

そんな「三」のことを表現した、忘れられない曲があります。その昔、子供番組でしばしば、

「3は嫌いだよ〜」

という歌詞の曲が流れていたのであり、その独特な歌は、幼い私の心に強烈な印象を残しました。

あれは何の番組だったのか、と調べてみると、日本テレビの「カリキュラマシーン」。シュールなギャグが盛り込まれすぎていたせいか、四年間しか放送されていませんでしたから、「たのきんトリオ」という言葉が理解できる同世代の人以外は知らない番組でしょう。その番組において、ひたすら「3が嫌いだ」ということを訴える、その名も「3はキライ!」という歌が、メキシコのマリアッチのリズムで歌われていたのです。

「三」が嫌いな理由は、「二人が仲良くすると一人が仲間はずれになるから」というものでした。一般的な子供番組であれば、

「三人のグループでも、仲間はずれをつくらずに仲良くしましょう」

と歌うところでしょう。しかしその歌は、

「三人いれば、一人が仲間はずれになるものだ」という必然を、子供達にシンプルに、

しかし情熱的に伝えました。ソンブレロを被った三人組が、三という数字への憎しみを歌う姿を、幼い私は、

「だよね……」

と眺めていたものです。

長じて後、鉄道紀行が好きな私は、宮脇俊三氏の著作の中で、鉄道での旅は何人で行くのがよいか、ということについての記述を読んだことがあります。もちろん、一人旅が最も気楽だが、食事の時などを考えると、気の合う人との場合は二人旅も悪くない。しかし三人旅となると、

「二対一に分裂して、三角関係を生じやすい」

と、そこにはありました。

宮脇氏は別の著作で、人が三人集まると、それは小さな「社会」となるのだ、ということも書いておられました。それを読んで私は、「そうか」と膝を打ったもの。

私の場合、仕事であれプライベートであれ誰かと会う時に、二人で会うのと、三人以上で会うのとでは、自分の心構えも態度も、微妙に違ってきます。最もラクなのは、一対一つまりは二人で会う時。相手のことだけを考えていればいいからであり、互いに視線や意識の逸らしようがありません。対して三人の集いでは、「社会」を相手にしなくてはならないので、意識すべきことが俄然、増えるのです。

周囲を見ても、サシで会う時と、三人以上のグループで会う時とでは、性格がかなり変わる人が見受けられるのでした。三人以上の「社会」を相手にする時は、「自分をこう見せたい」という自意識がより強く働くせいなのでしょう。サシで話している分にはそれほど嫌な人はいないものですが、三人以上では急に、人の性格上の癖が如実に表れてくるものです。

0と1の違いは、果てしなく大きいのだそうです。0という概念を発見したのはインド人なのだ、インド人さすが、という話を聞いたことがあります。0と1の違いほどではありませんが、2と3の違いも、かなりのもの。その、2と3の間にあるかなりの距離を最も理解しているのは、日本人かもしれません。

夫婦にしても、結婚して子供がいないうちは仲良くしているのに、子供が生まれると急に険悪になるケースがしばしばあります。それというのも、家族が二人の時は互いに相手のことだけを考えていればよかったのが、三人になると小さな「社会」ができるから。二対一になって一が仲間はずれにされたり、はたまた一が二を支配したりという構造ができるのではないか。

私はよく、

「みんなが○○だと言っている」

「みんなが○○を知っている」

という言い方をしますが、その「みんな」も、数えてみると三人くらいだったりするのでした。子供の頃は、

「みんなが持ってるんだから買って」

などと、欲しいおもちゃを親にせがんだものであり、三人は、最も小さな〝世間〟でもあるのです。

ことわざや慣用句で三が使用されがちなのも、その辺りに理由があるのかもしれません。三が社会であり世間であるのなら、全てを網羅していますよ、という意味で「三」を使用することができるのですから。

かくして、愛される数字ナンバーワンとなった「三」。そのメジャー感や聞き心地の良さに、つい人は「三ナントカ」を信用してしまいがちですが、しかし「三ナントカ」界の久しぶりのヒットである「3密」をしばしば見聞きしている今、「注意せねば」という気持ちも湧いてくるのでした。

前章において、日本では第二次世界大戦中に乱発したスローガンのトラウマのせいで、敗戦後はスローガンを大っぴらに発表しづらくなった、と書きました。しかしコロナ禍においては、「3密」のみならず「ステイホーム」やら「ソーシャルディスタンス」やらと、スローガン的な用語が数多く政治家によって発表され、それぞれが浸透していきました。

お上が発表したスローガンを国民が素直に受け入れるというこの状況は、敗戦後初と言ってもいいように思います。たとえば安倍政権では、「美しい国」や「一億総活躍」など、様々なスローガンが提唱されましたが、それぞれ失笑されて終わり、人口に膾炙することはありませんでした。しかし今回の「3密」は、見事なヒットとなったのです。

もちろんそれは、感染症蔓延の危機という特殊な状況のせいもありましょう。時の政権のことが好きだ嫌いだということ以前に、国民それぞれが命の危機に直面していたからこそ、「そうか3密ね」ということになった。

しかしそのような状況であれ、私が「ほう」と思ったのは、この国の人々が今も、お上がリリースしたスローガンを素直に受け入れる余地を持っていた、ということです。スローガンというもの自体にアレルギーがあったわけではなかったのね、と。

3密はダメ、ということになって、世の中には秘密警察ならぬ3密警察のような人々も登場しました。戦時中の隣組のような監視体制が知らないうちに敷かれていましたし、私自身も、スーパーなどで〝密接〟してくる人に対して思いっきりガンをつけるなどの3密警察行為を気づけばしていたのであり、そんな行為の後ろ盾となっていたのは、やはり「3密」というスローガン。

ネット上では、「3密」よりも「集近閉」の方がわかりやすい、という意見がしばしば見られました。確かに「3密」だと、私のようにセンター以外のことを忘れてしまうような人が出てきますが、「集近閉」はそれぞれの文字が「ダメ」な行為を提示しているので、パッと見ればすぐに理解することができる。シュウキンペイ、という響きも記憶に残りやすいですし。

　しかし日本全国津々浦々、子供からお年寄りにまで浸透させるには、やはり「三」の魔力を利用した方が良かったのでしょう。「三ナントカ」と言えば、細かな部分はどうあれ、全てを網羅しているような気分が広がるのですから。

「3密」の登場によって、

「密にならないように」

　とか、

「それは密です」

　などと、今までには見られなかった用法で「密」の字が使用されるようになった、令和二年。令和元年は「令」だった年末恒例の「今年の漢字」では、清水寺の貫主《かんす》が「密」と墨痕《ぼつこん》鮮やかに書くことになるのかもしれません。

　まだしばらくの間、「密」に気をつける日々は続くことでしょう。そしてこの騒動が収まってから「3密」という言葉を耳にした時、私はウイルスに怯《おび》えた日々のことを思い出すと同時に、「我々は今も、スローガンによって動かされる可能性を持ち続けているのだ」ということをも、噛みしめるに違いありません。

追記：二〇二〇年の「今年の漢字」は、本当に「密」だった。

「黒人の人」と「白人」と

アメリカで、白人警官が黒人男性を殺害した事件から世界に広がっていった、人種差別への反対運動。日本でも賛同する動きはありますが、とはいえ日本はアメリカやヨーロッパの国々と比べると黒人の人々と接する機会は少なく、身近な問題として捉えている人が多いとは言えません。

ドメスティックに生きてきた自分のことを考えても、黒人の知り合いは、皆無。日本に住んでいると、黒人を目にする機会はテレビや映画を通じてがほとんどであり、差別の現場もまた、テレビや映画の中でしか見ていないのです。

では私は黒人と接していないから黒人に対して偏見を持っていないのかというと、そうではありません。たとえば私は冒頭で、「黒人の人々」と書きました。「黒人に対する偏見は全くない」と宣言する自信はないからこそ、「黒人を『黒人』と呼び捨てにすると、差別的に聞こえはしまいか」という恐れを抱き、変な言葉遣いになったのです。肌の色で差別を受けにくい立場にいる白人については「白人」と罪悪感なしに言うことができるのとは、大きな違いがあります。

他の例を出すのであれば、日本人は「韓国人」や「朝鮮人」と口にしづらい、という気持ちを持っています。「韓国人」「朝鮮人」という言い方が乱暴に聞こえるため、「韓国の人」とか「朝鮮の人」などと言い換えていることはないか。

そこにあるのは、やはり「負い目」です。日本には、韓国・朝鮮の人達を差別してきた歴史があります。「韓国人」「朝鮮人」という言葉にはその差別の歴史や感覚が染み込んでいるから、「アメリカ人」や「イギリス人」と同様の感覚で使用することができない。「韓国人」「朝鮮人」と言うと相手に失礼になるのではないかという恐れが募り、緩衝材として「の」という助詞を入れて使用せずにはいられないのです。

「黒人の人」とか「韓国の人」など、「の人」を入れて話したり書いたりする度に、私の心はチクリとします。「の人」は、自分の中にある偏見や、面倒臭いことを避けようとする気持ちの存在を証明する言い方。「の人」をつければ差別問題という扱いにくい話題を無難にスルーできるだろう、という思惑が、そこにはあります。

私は、この手の「の人」を、敬称のような感覚で使用しているのでした。日本語では往々にして、シンプルで短い言い方は乱暴に聞こえ、何かをつけ加えて長くすると、丁寧・柔らかに響くのです。

ニュース番組においても、「男」とか「女」は加害者を示す言葉となりますが、「男性」「女性」は、被害者を示す言葉として使用されているところを見ると、「男」「女」よりも「男性」「女性」の方が丁寧な言葉である模様。「男性」の「性」も「黒人の人」の「の人」も、むき出しの言葉を口にする時のいたたまれなさをマイルドにするための敬称です。

敬称は、日本語にとってラッピングのようなものなのでしょう。包装によって、中身を素晴らしく見せたい。中身に自信がなくとも、包装さえきちんとしておけば、気持ちは伝わる。……というのは日本人の思考癖ですが、言葉にもそれはあてはまるようです。

人を呼ぶ時、よほど親しい相手の場合は呼び捨ても可能ですが、我々は「ちゃん」「さん」「様」「たん」など様々な敬称を使いこなすことによって、相手に対する敬意と親しみのバランスを調整しています。敬称なしで呼び合うようになるまでのハードルは、諸外国よりもかなり高いのではないでしょうか。

そんな敬称問題において、私は人生で二度ほど、カルチャーショックを受けたことがあるのでした。最初は、大学を卒業して就職した時のこと。先輩や上司達が、取引先の会社のことを、「さん」づけで呼んでいることに驚いたのです。

学生時代、企業名を「さん」づけで呼ぶという頭は全く持っていなかった私。就職活動の時は「御社」で通していたし、消費者として物を買う時に「資生堂さん（例）」「サントリーさん（例）」などと口にしたことはありませんでした。

しかし社会人になってみたら、仕事相手の企業のことは「資生堂さん（例）」「サントリーさん（例）」と呼ぶことが常識である模様。学生文化しか知らなかった私に、企業名＋さん、という言い方は奇妙に思われたものの、社会人文化に染まるにつれ、自分の口からも自然に出てくるようになったものです。

とはいえすぐに会社を辞めた私からはその習慣も自然に消えていったのですが、そんな私にとって二度目のカルチャーショックは、三十歳前後にやってきました。その頃の私は、京都や大阪などへ行った時、

「同じ日本で日本語も通じるのに、東京とは全く文化が違う！」

と感動し、その違いが面白くてせっせと関西に通っていました。

そこで驚いたことの一つが、「関西って、お店の名前にも『さん』をつけるんだ」ということです。雑な家に生まれたせいかもしれませんが、東京者の私は、たとえば「酒井屋」という店に友人と行こうという時、

「酒井屋行かない？」

「いいね、酒井屋久しぶりだわー」

などと話していました。しかし関西の人（何かと関西の人から粗雑さを揶揄《やゆ》されがちな東京人であるため、ここでも「の人」を使用）の会話を聞いていると、

「酒井屋さん行かへん?」

「ええな、酒井屋さん久しぶりやわー」

と、お店にも「さん」づけしているではありませんか。特に、年配の人の間では、その傾向が顕著だった。

そのような言葉を聞いているうちに、店名を〝さん無し〟で言う自分が野卑なアズマエビスに思えてきた私は、関西の人の前では、店名に「さん」をつけて言うように努力してみたのです。ある時は京都のタクシーの運転手さんに、

「髙島屋さんまでお願いします」

と頑張って言ったら、

「ハーァ、髙島屋に『さん』づけするって初めて聞いたワ。東京ではそないに言わはるんですか」

と思いっきりイケズの洗礼を受け、「デパートに『さん』はつけないのね」と、涙ながらに学んだ次第。

店名以外にも、「アメちゃん」やら「おくどさん」やら「お豆さん」といった物品、はたまた「おはようさん」などと挨拶にまで敬称つきで表現する関西の習慣は、おおいにアズマとは違うところです。なぜ関西では、このように敬称文化が発達しているのか。……と考えてみますと、やはりアズマよりも複雑な歴史を持っているから、という気が

してなりません。

平安京ができる前から、日本の都は近畿圏に存在していました。都には偉い方々がおわしますが、とはいえ偉い人ばかりが住んでいるわけではありません。偉い人の生活を支えるためには様々な職に就く人も必要であり、そこに文化も格差も育っていきます。

農村とは違って色々な立場の人がいるからこそ、ややこしい事情が絡み合う都会。そんな中で人間関係をスマートに運ぶには、誰とでも距離を詰めて腹蔵なく話し合えばいいというものではなかったことでしょう。それよりも、他者との距離を常に適度に保つ工夫が必要だったのではないか。

その時に敬称は便利な道具だったのではないかと、私は思います。人名であれ屋号であれ神様の名前であれ、呼び捨てにしていきなり相手の懐に飛び込むよりも、「さん」や「はん」や「様」をつけてクッションとしておけば、余計な摩擦を回避できたのではないでしょうか。

敬称は、基本的には相手への敬意を表現するためのものです。が、同時にそれは、自分の周囲にバリアを張る役割をも担っています。他者を「さん」づけで呼べば、「さん」二文字分の心理的な距離が、相手との間には開く。敬称は、「私はむやみにあなたの陣地に入りませんから、あなたもこちらに入ってこないでね」という意思表明にもなるのです。

今は耳にする機会が少なくなりましたが、昔は「外人さん」という言葉がよく使われていました。今は「外人」という言葉自体が差別語的扱いとなっており、会話では使用されても、活字や放送では見聞きしなくなっています。「国」を入れて「外国人」とするのが、あらまほしき言葉である模様。

今よりもずっと外国人が珍しかった頃、日本人は外国人を見ると、ガイジンガイジンと騒いでいました。「外人」は、見た目がそれとわかる人、特に白人系の人に使用されるケースが多かったようです。

白人に弱い日本人ですから、差別的な意味合いを含めて「外人」を使用するケースは少なかったはずです。あまりにも自分達とかけ離れた存在である「外人」に対する憧れや、どう相対していいものかわからなすぎるという困惑が、「外人」という表現にはたっぷり含まれていたのです。

しかし、のべつまくなしに「外人」と言われる外国人の側では、それは不快に聞こえる言葉となりました。言われる方が不快さを感じれば、それは使用を控えるべき表現となるのであり、かくして日本の活字や放送から、「外人」という言葉は消えたのです。

極めて均質性が高い社会に生きているが故に、外国人を見るだけで、

「ガイジンよ」

「ガイジンだ」

と囁《ささや》かずにいられなかった、かつての日本人。勇気のある人は、

「英会話を教えてください」

と通りすがりの外国人にぶつかり稽古を申し込んだり、どこの誰かもわからない外国人にサインを求めたりもしたのだそう。そんな日本人が愛おしくて私はキュンとするのですが、その頃にはやはり「呼び捨ては乱暴」という意識から、「外人さん」と言う人がいたのです。

その「さん」には、複雑な心理が込められていたことでしょう。多文化共生などという言葉は影も形もなかった時代、自分達とは全く異なる風貌で、自分達よりも先進的な生活をしているらしい「外人」に対する尊敬や畏怖、そしてちょっとした好奇心や親しみがこの「さん」からは感じられ、私は「外人さん」という言い方は、決して憎むことができなかった。「外人」と言われることに不快な気分を覚える外国人達にも、この「外人さん」のニュアンスは、わかっていただきたかったものです。

今、日本では八百屋、魚屋といった「○○屋」という言い方も、放送禁止用語的に捉えられています。それぞれ青果店、鮮魚店など「○○店」と言い換えられがちなのです。

しかし「八百屋さん」「魚屋さん」と「さん」をつけて言うと、必ずしも使用NGというわけではないという敬称マジックが、ここでも発揮されるのでした。会話において

も、

「八百屋でトマト買ってきて」

と言うとすさまじく聞こえますが、

「八百屋さんでトマト買ってきて」

と言えば、微笑ましい感じに……。

「○○屋」は、自称としては広く流通しています。たまに私が配達を頼む青果店のお兄さんも、

「ちわーっ、八百屋でーす」

と、我が家にやってくる。しかしそこで私がもし、

「あっ、八百屋が来た！」

と言ったらやはり相当すさまじいわけで、他人が言う場合は「さん」づけがマスト。

このように、生活を円滑に回すために欠かすことのできない敬称に関する複雑で繊細なルールは、日本で生きていく中で、我々が自然と体得していくものです。企業名や店名、食品名から挨拶の言葉にまで「さん」をつける感覚は、外人さん、じゃなくて外国人にはきっとわかるまい。

自分に染み付いている敬称テクから改めて理解できるのは、我々は贈答品であれ言葉であれ、とにかくラッピングがしたくてたまらない国民だということなのでした。「外

人さん」という言葉が流通していた時代、日本人は家のテレビにも電話にもカバーをかけて大切に扱っていたし、今となってもカバーとかケースが好きな人は多い。そして日本女性達の多くは、自分達の顔をファンデーションで覆わずにはいられません。何も施さず「素のまま」でいることに罪悪感を覚える気質を、我々は持っているのです。

そのうち我々は、「黒人」と言うことの罪悪感に悩んだ末に、「黒人さん」と言い始めるのかもしれません。それはそれで悪くないかも、と思うものの、しかし我々は「黒人の人」であれ「黒人さん」であれ、言葉にラッピングを施して満足することには、気をつけなくてはいけないのでしょう。私達が愛好するラッピングは、表向きは「相手のためを思って」の行為であっても、その背後には「本質を覆い隠したい」という欲求が、しばしば控えているのです。

敬称文化にどっぷり浸かって生きる中で我々は、敬称さえ使用しておけば、問題の本質を見ぬフリができるという感覚に、慣れっこになっています。つまり、差別用語さえ使用しなければ差別していない、という気になりがち。

しかしラッピングはあくまで表面だけのことであり、問題の本質を解決するものではありません。確かに差別用語は使用しない方が良いものですが、差別的ではないとされる言葉は、「臭いものにフタ」の機能を持っている場合も、多々あるのだから。

何かと覆いたくなる我々にとって、敬称・美称は危険な道具。それらの言葉を使用しても、時にフタを開けて、自分の中に沈殿している「臭いもの」の臭気をしっかり確かめることを忘れないようにしたいと思います。

「陰キャ」と「根暗」の違い

若者用語としてよく耳にする、「陰キャ」。陰気なキャラクターの略と思われ、反対語としては「陽キャ」もあるようです。

この言葉を聞いて大人が思い出すのは、一九八〇年代に流行した「根暗《ねくら》」と「根明《ねあか》」です。根暗の時代から三十余年が経っても、「明」「暗」とか「陰」「陽」などと性格を二分する遊びは、我々を魅了するのです。

「根暗」はタモリさんがつくった言葉である、という話は有名です。大御所司会者であるタモリさんは、デビュー当時はお笑いタレントでした。お笑いに携わっている人は、往々にして明るい性格だと思われがちだけれど、

「しかし自分は、根は暗いのだ」

といった発言があったところから「根暗」は生まれた、とされているのです。

根の暗さを宣言せずとも、タモリさんは決して明るい性格ではないのでは、という感じは子供心にも抱いていたのですが、しかしこの「根っこは暗い」ことを表現する言葉

がウケたのは、当時の時代背景とおおいに関係していましょう。
一九八〇年代は、明るく、楽しく、軽いことが正義とされた時代でした。フジテレビは「楽しくなければテレビじゃない」というスローガンのもとに人心を掌握し、日本中に〝軽《カル》チャー〟の魅力を知らしめました。経済は、後にバブルと言われるピークへ向けて、着々と歩みを進めていたのであり、八〇年代の人々の浮かれぶりは、既に史実としてよく知られるところとなっています。

皆がふわふわとしたものに乗っかってはしゃいでいる八〇年代ではありましたが、しかし全ての人がその状態にしっくりしたものを感じていたわけではありません。周囲のノリに合わせてはしゃぎながらも居心地の悪さを感じる人も多かったのであり、そんな人にしっくりくる言葉が、「根暗」。自分の根っこは暗がりの方につながっている、と思う人は、タモリさんだけではなかったのです。

「根暗」はすなわち、時代の流れに対する反発を告白する言葉でした。第二次世界大戦中、正直な人が、

「どうせ日本は負けるんだから」

などとつぶやくと、

「他人に聞かれたらひどい目にあうから、そんなことを言わない方がいい」

と、近くにいる人はその発言をたしなめたのだそう。

時代の流れに逆らうという意味では、戦争中の「どうせ負ける」発言と、八〇年代の根暗宣言には共通した部分があります。八〇年代にも、「自分は本当は暗い」などと言ったら石もて追われる恐れはあったはずですが、それでも言わずにいられない人はいたのです。

戦争中、「どうせ負ける」発言を憲兵などに聞かれたら、制裁を加えられたことでしょう。そして八〇年代、

「本当は暗いのです」

と告白をした人も、周囲からの揶揄によって吊し上げられることになりました。ギラギラした時代の中では、暗さはダサさ。

「あいつ、根暗だから」

と、延々と嘲笑されたのです。

明るいフリはしているが、根っこは違う。……という意思を表する言葉が「根暗」であったとしたら、今の「陰キャ」は、似て非なる意味を持っているように思います。すなわち、表側だけが明るいのが「根暗」であったのに対して、「陰キャ」の人は、表面だけが暗いのではないか。

「陰キャ」の「キャ」は「キャラクター」の意であるわけで、「陰キャ」という言葉が表現するのは「陰気な性格」ということになります。が、昨今の「キャラ」という言葉

の使われ方から考えると、必ずしも「陰キャ」の「キャ」が「性格」という意味で使用されているわけではなさそうです。

「高校まではまじめキャラだったけど、大学に入ったんだし、キャラ変したい」

とか、

「ずっといじられキャラをやってたんすよね、俺」

といった言葉から理解できるのは、「キャラ」は生まれ持った不変の性格を示しているわけではなさそう、ということ。同じグループの中にキャラがかぶる人がいると違うキャラになってみたり、周囲からの期待に応えて、本来の性格とは異なるキャラを演じることもある模様です。その気になれば変更や上書きが可能な仮面のようなものが、「キャラ」であるらしい。

そうしてみると「陰キャ」とは、陰気な「キャラ」ではあるものの、本当の性格は陰気と言い切れない、ということになります。もちろん、キャラと性格は重なる部分が大きいのでしょうが、本来の性格とは異なるキャラで生きる選択も可能なのだから。

となると「陽キャ」の人も、「スクールカーストの上位をキープしたい」とか「モテたい」とか「親に心配をかけないように」など様々な事情によって明るいキャラを演じているだけで、根っこは暗いのかもしれない。つまり「陽キャ」だが「根暗」である、という若かりし頃のタモリさんのような人もいることになります。

ここで我が身を振り返ってみると、若い頃の自分は、まさに「陽キャ」だが「根暗」でした。内向的でむっつりスケベで無口、と暗い性格の要素を兼ね備えている私ですが、恥を忍んで申しますと、今で言うところの「パリピ」で「リア充」で「ウェイ系」として青春時代を過ごしていました。ちなみにウェイ系とは、何かというと「ウェーイ！」と盛り上がるノリの良い若者のこと。

当時の遊興施設であるディスコなどで「ウェーイ！」と言いがちだった私は、暗い性格で明るいライフスタイルを送っていたのです。なぜこのようなねじれ現象が起こったのかと考えてみますと、私の精神的資質と肉体的資質の間にそもそも、ねじれがあったからなのでしょう。

スポーツ好きの人は性格が明るく、スポーツ嫌いの人は暗い、というイメージが世にはあるものです。その確率は確かに高いとは思いますがそうでもない人もいて、私もその一人。スポーツのみならず、歌うとか踊るとか、ご陽気系の行為は全て好き。ついでに言うなら露出度の高い服の着用や日焼け行為なども、やぶさかでなかったものです。

身体を使って何かをすることに純粋な喜びを感じる体質だったせいで、私の生活は今で言うところの「リア充」のそれでした。文化部系の人を人と思っていなかったところもあり、その手の人のことは「マンケン」と呼んでいたものです（漫画研究会に入っているようなタイプ、の意)。

スポーツや夜遊び、純・不純を問わない異性交遊等に誘われるとホイホイとついていくノリの軽さも持ち合わせていた私。しかしその手の現場では、常に違和感を覚えていたのも、事実です。

遊興の現場にいる友人知人は明るい人ばかりであり、そこに入ると自分の性格は際立って暗い。当時、明るい女の子を表現するオノマトペとして「キャピキャピ」というものがありましたが、私の性質には一匙《ひとさじ》の「キャピ」さも無かったのです。

が、スポーツやウェイ系の現場には決して足を踏み入れない静かで知的な人達の中に入ってみると、今度は自分が際立っておめでたい存在として浮き上がり、「お呼びでない」感が充満。そんなわけで、どこにいても補助席に座っているような落ち着かない気持ちでいましたっけ。

しかし今時の「陰キャ」「陽キャ」という言葉を聞いた時、私は一つの落としどころを見つけた気がしたのです。ウェイ系パリピだが性格は暗いという自分の存在感を何と表現していいものか何十年も不明のままでしたが、あの頃の自分は、つまり「陽キャ」で「根暗」だったのではないか、と。

当時の仲の良い友人知人は皆、当然のようにいつもウェイウェイ言っている「陽キャ」の「根明」でした。そんなグループに属している私は、静かな人達から見たら「あちら側の人」だったことでしょう。が、ウェイ系が好む「行為」のみを愛好して、その魂を共有できずにいた私は、「あちら」にも「こちら」にも所属感を得られなかった。それを「陽キャ」の「根暗」、と表現できていたら楽だったのに、と思います。

最近、知り合いの女子大学生と話していたところ、彼女が、

「友人達はみんなパリピっぽい感じで、一緒にいると疲れる」

とこぼしていました。しかしそんな彼女も、私から見ればじゅうぶんにパリピでリア充。

「でも私は一人で本を読むのも好きだけれど、本が好きなんていう子は、友達の中に一人もいないですよ」

と彼女が言うので、

「もしやあなたも、『陽キャ』で『根暗』の仲間なのでは？」

と、尋ねてみたのです。

「何ですか、根暗って？」

という問いに、しばし説明の時間を要しはしましたが、どうやら彼女も私と似たような体質である模様。

「その孤独感は、これからもずっと続くと思うよ……」

と、私は予言してみたのです。

とはいえ私の場合、陽キャで根暗というねじれ現象の居心地の悪さは、大人になるにつれ、少し弱まってきたのでした。中年にもなれば、

「ウェーイ！」

というノリが重視される現場は減ってきます。ウェイ系の友人達もそれぞれ次第に落ち着いたり枯れたりしてきて、自分だけが朽葉《くちば》色、という感じではなくなってきたのです。若い頃の自分は、肉体だけが若者で心は中年だったのかもしれぬ、という気もしてきました。

時代の空気も、変化しています。八〇年代、「暗」や「陰」の価値は落ちるところまで落ちていましたが、その後少しずつ、それらの価値が見直されているのではないでしょうか。

バブルへの階段を着々と上がっていた八〇年代は、時代そのものが「ウェーイ！」という声をあげているかのようでした。時代は光と喧騒に包まれ、「暗」や「陰」、はたまた「静」や「裏」といった要素は息をひそめます。

そんな中で発生したバブル崩壊は、「明るさ」の敗北と言ってもいい現象だったのでしょう。以降の日本では、「暗」や「陰」の力が少しずつ、息を吹きかえすように。

たとえば「おたく」と呼ばれる人々の存在感は、バブル崩壊以降、増しています。宮﨑勤による連続幼女誘拐殺人事件の印象などから、「おたく」には当初、良いイメージ

はありませんでした。内にこもったおたくが恐ろしい事件を起こした、という印象が広がったのは、宮﨑が逮捕されたのが、一九八九年というバブルが熟れきった時期であったことと無関係ではないでしょう。

しかしその後、「尋常でなく何かに詳しい人」であるおたくを侮ることはできないというイメージが、広がっていきます。元々日本人は、「その道一筋」的な職人気質を賞賛しがちですが、おたくもまた気づけば似たような存在だったのです。

次第に、アニメやゲームなどのおたくが好む事象は、海外でも「クール」とか言われるように。今やおたく産業は、日本にとって欠かすことのできないものになりました。

ネットの発達によって、リアル社会とネット社会という二つの場ができたことも、明るくない人々の力が生かされることに繋がっていましょう。リアル社会でのコミュニケーションを得意としない人も、ネット社会では能弁で友達が多かったりして、リアルでは陰キャでもネットでは陽キャ、という人もいる模様。八〇年代に「根暗」と揶揄された人々には逃げ場がなかったことを考えると、それは大きな進歩です。

ネット社会の登場以前の日本では、体育会出身者など、陽キャで根明でウェイ系でリア充、のような人が就職市場でもウケていました。個人の資質には特筆すべきものがなくとも、集団の一員として黙って耐えることができるのが、その手の人々の美質。ノリと気合いで得意先に突っ込んでいく、といったこともできたのです。

しかしネット社会となって以降、その手の人の需要は低下気味です。「足で稼ぐ」「体当たりの営業」「ノミュニケーション」といった彼等の得意技は、リモートで稼ぐことができる人々の前では、アナログ臭の漂う手法となってきました。

リアル社会で上手にコミュニケーションをとることができる明るい性質の価値は、とはいえ今も貴重です。「明るい」ことが悪、とはこれからもならないことでしょう。「陽キャ」「陰キャ」といった言葉が使用される現場を見ても、「陰キャ」の人は今も自嘲気味なのですし。

しかしネット社会というもう一つの世が存在することによって、明るくない人々が呼吸をしやすくなったことは、事実です。たとえば私は、初めて「リア充」という言葉を聞いた時は、「うまいこと言うな〜」と感心しきりだったのですが、これはネット発の言葉。ネット住人が、リアル人生を謳歌する人々を表現したのです。

「ネット人生は充実しているが、リアル人生はそうでもない自分」に対する自嘲が「リア充」からは漂いますが、しかし自嘲ができるのは、そこに余裕がある証拠。コンプレックスに潰されてしまいそうな人は、自嘲ができるものではないのですから。

同時に「リア充」には、恋愛やら遊びやらにうつつを抜かす人々に対する揶揄も、混じっています。リア充な人々は、その様子をＳＮＳなどでアピールしがちですが、自己顕示せずにいられない彼等を嗤《わら》う気分も、混じっていましょう。

のみならず、「パリピ」や「ウェイ系」といった明るい人々を指す言葉にも、明るくない人々からの反撃の気分が、いちいち混じっている気がするのでした。八〇年代に青春を過ごした暗い人々は、自嘲する強さもなければ反撃の場もなかったけれど、今は明るくない人にも自分の陣地がある。その陣地から発せられる言葉の数々には、明るさ信仰に対する批判の精神が、常にこもっているのです。

では、八〇年代に根暗として生きた私も、今はネット社会に居場所を見つけたのかといえば、そうではありません。八〇年代に青春を過ごした自分は、残念ながらネットネイティブ世代ではない。ネット社会が本来の居場所とも思えず、ここでも補助席感を味わっているのです。

コロナ時代となり「ステイホーム」の号令がかかった時、「遊びに行きたい」「人に会いたい」と身悶《みもだ》える人がいる一方で、私は全く平気、というよりもむしろ安寧な気持ちで蟄居《ちっきょ》していました。平時は「明るい人達は楽しく過ごしているであろうに自分は……」という劣等感を常にどこかで抱いていたのが、コロナ時代は皆がリアルでのコミュニケーションを断たれたせいで、劣等感を忘れることができたのです。

はからずも自分の根っこの暗さを再確認することとなった、コロナ時代。しかし今は暗さが意味を持ちつつある時代なのだとすれば、無理に陽キャという仮面をかぶる必要もありますまい。しばらくは自分の闇の中に耽溺《たんでき》していてもいいのかも、と思うのでした。

「はえ」たり「ばえ」たり

コロナ時代となってから、リモート会議に参加することがたまにあるのですが、最初に気になったのは、「背景、どうする」という問題でした。個人情報を雄弁に物語ってしまうとか、あまりに生活感が溢れる背景は、リモート飲み会であればともかく、会議にはあまり適しません。一定のシンプルさが、会議の背景には求められましょう。

初めてリモート会議に参加する前、私は仕事場の椅子に座って、パソコンのカメラに映る自分を眺めてみました。すると自分の背後にある台に積み上げられた本が、いかんせん気になります。資料として読んでいた『若者の性』白書」とか「熟女の旅」といった本が、変なアピールをしているかのよう。

これはまずい、とパソコンを動かしてカメラが映し出す範囲を少しずつずらしていくうちに、うまいこと本が除外され、かつ部屋がすっきりと広く見える角度を発見しました。積み上がった本に全く手を触れずして、部屋がきれいに見えるようになったのです。

以来、私はリモート会議の時はその角度でパソコンを設置するようにしています。もし家に人を招くとしたら、部屋を必死に片付けなくてはなりませんが、リモートではパソコンをずらすだけでどうにかなるとは、実にありがたい。

また、どこかに集まってリアル会議をする場合は、全身の身なりを整えなくてはなりませんが、リモート会議において整えるべきは、上半身だけ。下半身は、軍パンとかのびのびズボンに裸足、といった部屋着のままでいることができます。会社員の友人は、リモートワークによるストッキングからの解放を、「何よりも嬉しい」と寿いでいましたっけ。

パソコンのカメラの角度を少し変えるだけで部屋の印象が激変する現象を見て、私は「これも、一種の『映え』のテクニックなのではないか」と思ったことでした。カメラが映し出す範囲の五センチ横には「熟女の旅」とか、室内干し用の物干しがあるのに、そんなことは微塵も感じさせない、この絶妙な角度。映っているものだけを真実に見せてしまうのが、映像の世界です。

子供の頃からネット社会に接していた若者達は、会議であれ飲み会であれ、リモートでもきれいに見えるようにと照明器具を買ったり、それ用のメイクをしたりしているようです。ネット社会も実社会も「社会」に変わりないのだから、ネットだからといって外見をなおざりにする気にはならないのでしょう。

大人になってからネットと出会った私などは、「ま、ネットは適当でいいんじゃないの」とパソコンの前に座り、案の定パッとしない顔が画面に映るのですが、しかし思い返してみれば、スマホやパソコンなど存在しない時代には「写真うつり」という言葉があったのでした。我が十代の時代、自分の姿が何かに「うつる」といったら、せいぜい写真。その写真にいかに良くうつるかという角度や表情を研究する人もいたものです。

しかし、芸能人やモデルでもない素人が写真うつりを気にしていると、自意識過剰のように思われました。あの頃の人達は、写真うつりを気にしつつも、気にしていないフリを貫いていたのではないか。

対してSNSの隆盛以降、ネット上で自分をより良く見せたいという「映え」を狙う気持ちは、特に隠すべきものではなくなっています。SNSに自分の姿やライフスタイルをさらすことが当たり前になったことにより、自分の姿を「より良く見せたい」という欲求は、恥ずかしいことではなく、一種の身だしなみのように捉えられることになったのです。

「インスタ映え」など、SNS上での「映え」を皆が気にしているという話を聞いた当初、「映え」という表現は私にとって新鮮でした。「映える」という動詞を「○○映え」と名詞のように使用するのが現代風となったのに対して、「映える」という言葉自体は長い間日の目を浴びずにいたから。

SNSが広まる以前、「映える」という表現は、ほぼ忘れられていました。特に口語

「そちらのネックレス、奥様の胸元でよく映えております」

などと言うのは、デパートの店員くらいではなかったか。

「栄えある受賞者」などと言う場合の「栄え」と、「映え」とは、根は同じ言葉です。「栄え」であれ「映え」であれ、光を浴びて輝いている、といったことを表現している。「映え」にしても「栄え」にしても使用される現場は限定されていたため、遠くない未来に、それらは人の記憶から消えていく運命にあったのかもしれません。が、「映える」絶滅の危機を救ったのが、ネットの世界でした。SNS時代となって突然、「映える」の使用頻度が激増したのです。

ネット用語として「映え」を聞いた時、私は「ずいぶんとまた古風な言葉をネット民は発見したものだ」と思ったものでした。私の中で「映える」といったら、それは古典文学の中で接する言葉だったから。

古典文学の中では、花やら女の髪やら着物やらが、しばしば「映え」ています。あの時代の人々にとっても「映える」、当時の言葉で言うなら「映ゆ」は褒め言葉で、輝くように華やかとか、光栄であるとか誇らしいといった意味の「はえばえし」という形容詞まで存在しました。反対に「はえなし」は、パッとしない、見ばえがしないといった意味であったことを考えると、あの時代の人々もまた、「映える」ことを希求していたのです。

とある条件下に何かがある時、別の条件下にある時よりも際立って見える、という場合に使用されるのが「映える」という言葉です。デパートの店員がネックレスを勧める時は、他の誰の胸元でもなく、あなたの胸元だからこそそこのネックレスは特別に際立って見えるのだ、という意味を込めて「映える」を使用します。ですから「インスタ映え」する事物とは、実際の姿や価値はそれほどでもなくとも、インスタを通して見た時にグッと魅力的に見える、ということを意味する。

「紫式部日記」には、「元結映え」という言葉が出てきます。中宮彰子《しょうし》が一条天皇の皇子を出産した時の様子を日記の冒頭で紫式部は書いているのですが、産湯の準備や出産後の様々なお世話をする係の女房達は、作業の邪魔にならないように、長い髪を元結でまとめていました。その普段とは異なる新鮮な髪型を見て、紫式部は「あら、ちょっと素敵」と思い、「元結映え」と書いたのです。

また清少納言は「枕草子」において、雪が残る月夜に見る着物の色艶に「映え」を感じていました。仏教のイベントから夜中に牛車《ぎっしゃ》に乗って帰ってくる女性の、濃い色の衣の鮮やかな艶が月に映えている……、と。

その時、女性の隣には男性がいました。男は、月に映える女の衣に心を掻き立てられている様子であり、色っぽくも幻想的な雰囲気が漂う章段なのです。

平安時代の女性は、基本的には自分の邸で男性がやってくるのを待つ身です。夜中に出歩く機会は少ないので、女性の衣を、月の光で見る機会は滅多になかったことと思われる。

清少納言としては、濃い色の艶やかな衣を月光の下で見たら、日の光で見るよりもずっと映えるはず、と思っていたのでしょう。この段は、そんな「映え」の現場を書いてみたくて、清少納言が創作したシチュエーションではないかと私は見ています。

光の加減によって、物の見え方は激変する。……ということを意識していた清少納言は、「夜まさりするもの」との段も書いているのでした。これは、夜の方が「まさって」見えるもの、言うならば「夜映え」するものを挙げた段。その最初に挙げられているのが、「濃き掻練《かいねり》の艶」。紅色と紅色を重ねた「掻練襲《かさね》」という色目の深い艶は、昼間のお天道様の光で見るよりも、夜、灯影で見る方が美しい、ということなのです。

さらに彼女は「火影《ほかげ》におとるもの」についても書いています。「夜まさりするもの」とは反対に「夜映えしないもの」ということになりますが、こちらには「紫の織物」や「藤の花」といった言葉が。紫系統のものは、アンバー系の灯火の明かりでは魅力が減殺されたのでしょう。

電気の無い平安時代は、光が貴重でした。それは、昼と夜とでは、美の基準が変化する世界であり、女性もまた、昼に見た時の方が映える人と、夜だからこそ映える人がいたようです。

「夜まさりするもの」の段に挙げられているのは、「額は出ているけれど、髪の美しい女性」や、「不細工でも、雰囲気の良い女性」。顔の造作は今ひとつでも、髪が艶やかで長かったり、全体の雰囲気が良い女性は、夜の闇の中では「映えた」のです。

闇の中で「映える」ということがあるのか、と疑問に思う方もいるでしょう。が、闇の中でも肌触りや体臭、息遣いや感度などは互いに伝わり、響き合います。あの時代の人々は、互いの顔を見ないままに身体の関係を続けることもあったのであり、顔の美醜などではなく、相手の「夜映え」ぶりに惚れることができました。

闇を楽しんでいた、平安貴族達。女性の場合は、夜が明けたからといって、日の光を存分に浴びるような生活はしていませんでした。身分の高い女性の場合は、邸の中でも端近《はしぢか》、つまり外に近いところにいるのは品がないとされましたから、薄暗い奥の方にいなくてはならなかったのです。

さらに彼女達は、幾重にも重ねた衣や長い髪、扇などで、他人の視線から厳重にガードされていました。視線からガードされるということは、紫外線からもガードされているということであり、彼女達の肌は透き通るように白かったと思われますが、ビタミンDの不足により骨は脆《もろ》かったのではないか。

日の光を見慣れていないし、浴び慣れてもいなかった、平安の女性達。だからこそ彼女達は光の変化には敏感であり、夜は夜なりの、昼は昼なりの「映え」を見つけることができたものと思われます。

平安の女性達も、暗くなったら紫のものは身につけないようにするなど、「映え」を狙っていたのかもしれません。容貌に自信が無くとも、闇の中では別の部分で勝負をすることができたという事実は、女性のみならず、昼映えしない男性にも、生きる力を与えたことでしょう。

「映え」とはこのように、「もう一つの世界で輝く」という可能性を示す言葉。それは、現代においても同じなのではないかと、私は思います。

インスタグラムなどで「映える」ものとは、たとえば食べ物ならば色合いがカラフルであったり、形が特殊であったりするものです。映える食べ物は、たとえ味がそれほどでもなくとも、その見た目において、勝負が可能。

SNS映えを狙って作られた食べ物は、ミシュランに載ることはないでしょう。しかしそれは、もともとミシュラン的な土俵での高い評価を望んで作られたわけではありません。SNSという別の土俵において、たくさんの「いいね」を得て話題になるために作られた食べ物なのです。

インスタ映えの「ばえ」は、「見ばえ」の「ばえ」でもあります。「見ばえが良い」とは、中身はそれほどでなくても見かけだけは良いといったことを示し、褒め言葉としては使用されにくいもの。

しかし、派手な見た目の食べ物と一緒に画像を撮り、

「ばえ〜って感じだよね」

と語る人々は、その「見かけだけ」という部分を、純粋に楽しんでいます。だってインスタとかって「見かけ」を見せるメディアでしかないし、これで精神性とか魂とか見えちゃったら怖いし……。と、あくまで「ばえ」を求めて画像を撮り、その評価が「いいね」の数で数値化されるという遊びなのですから。

遊びとしての「映え」を楽しむ人々の姿は、私には少しうらやましく思えるのでした。自分の姿はフィルムカメラで撮った写真で見るしかなく、それをさらに多くの人に見せたい場合は「焼き増し」という行為をして配るしかなかった時代は、前述のように堂々と写真うつりを気にすることが憚《はばか》られたものです。「人間、見かけではない。写真うつりなどという表面的で瑣末なことよりも、もっと中身を磨け」的な、大人の世界からかけられるプレッシャーが、そこにはあった。

しかし一歩世の中に出れば、「人間、中身も大切だが外見も大切だ」というシビアな現実が、特に若者には押し寄せます。可愛く写真に写っている子の方が断然、良い思いをするのであって、水面下では「可愛いと思われたい」「きれいになりたい」と熱望しつつ、表面では「全然そんなこと考えていませんが？」といった顔をするのは、たいそ

う不自然だったもの。

対して今は、「見かけも大切」という事実が、当たり前のこととして認識されています。若者達は、生まれた瞬間からずっと、親達によってその姿を画像に収められ続け、自分がうつった画像を見慣れ&見られ慣れています。さらには、ネット上で自分の姿が他人に流布していくことも当たり前で、だからこそ見かけを良くするための努力も、して当たり前。「可愛いと思われたい」「きれいになりたい」という欲望を持っていることは隠さなくてもよくなりましたし、そのための努力は、評価されるように。一方で「美人でもないしスタイルも良くないけど、ありのままでいきます、私」という人は、「そういう人」として生きていくことも可能になりました。

街中などで、自分がなるべく魅力的にうつるようにと、角度を考えたり表情を整えたりしつつ自撮りをする若者を見ると、私はちょっとした恥ずかしさを感じるのでした。確かに私も高校時代、「可愛い自分」を撮りたくて、セルフタイマーを使用し、頰を膨らませたり唇をとがらせたりしつつ、フィルムカメラで自撮りしたもの。しかしそれは、誰も見ていない自室だからできたことであって、衆人環視のもとではとても無理だったものです。

今、そのような羞恥心は古臭いものとなりました。自分を魅力的に見せたい、という欲求は普遍的なものなのだから、その欲求を解放させることのどこが恥ずかしいの？

と。

しかし「映え」という言葉が使用されない時代に青春を過ごした身としては、やはり頑張って自分を「映え」させることに対する羞恥を拭い去ることができません。もし「映え」ていたとしたら、それはたまたまであって、私が頑張ってそうしたわけではないんです。……というフリをしていたい。

プチ整形も脱毛も、

「してますよー」

とあっけらかんと口にする若者を見ていると、羨ましさと「いいの?」という気持ちを、同時に抱く私。夜中にひっそりと自分の髪の艶をアピールすることくらいしかできなかった平安時代の女性の方が、どちらかというと気が合うのではないか、という気がしてなりません。

「ＯＬ」は進化するのか

「モーニング」に連載されている、「ＯＬ進化論」（秋月りす）が好きです。会社生活での日常のあれこれを描く四コマ漫画なのですが、ふと「この連載も随分長く続いているなぁ」と思って調べてみたら、なんと開始は一九八九年。三十年以上も続いている連載だったのです（二〇二五年一月現在、長期休載中）。

改めて畏敬の念を抱きつつ思ったのは、

「しかし最近、『ＯＬ』という言葉をあまり聞かない気がする」

ということでした。

職業を聞かれた時、

「ＯＬです」

ではなく、

「会社員です」

とか、

「IT関係の企業に勤めています」

などと答える女性が、増えているのではないか。

看護婦→看護師、保母→保育士のように、女であることを前提とした職業の名称が、ユニセックスなものに変更されたのは、二〇〇〇年前後のことでした。しかし同じように「働く女」を示す「OL」という言葉は、その後も生き残っていたのです。

「看護婦」「保母」と「OL」とでは、その出自が異なります。「看護婦」「保母」は、かつてほとんど女性しか就かない職業だからこその、「婦」であり「母」でした。法律上でも使用される公的な言葉であった「看護婦」「保母」は、ユニセックス化の波の到来によって、名称変更されたのです。

対して「OL」は、公的にOLという立場があるわけでなく、愛称のような通称のようなもの。なぜそのような呼び名があるのかといえば、そもそも企業というものが男のための場だと捉えられていたからでしょう。

男の陣地である企業にひょっこりと入ってくるようになった女は、男達の補助要員であり、チアガール。彼女達はB級の会社員なのだから、男達と同じ「会社員」ではない……と男達は思ったでしょうし、世間もそう見ていたから、「男と同等の立場ではない」ことを示す言葉が必要になったものと思われます。

OLは、最初からOLと言われていたわけではありません。OLという言葉が登場したのは、昭和で言うならば三十年代の末頃であり、それまではBGすなわち「ビジネス・ガール」という言葉が使用されていました。しかし「BG」は、売春をする女性の意になるという意見があったことから「女性自身」誌が新しい呼称を公募した結果、「OL」という言葉が登場したのです。

さらに遡れば、昭和二十年代は「サラリー・ガール」という言葉も使用されていました。サラリーマンと対をなす言葉であったわけですが、ここからわかるのは、「サラリー・ガール」「ビジネス・ガール」の時代まで、職場で望まれていたのは、あくまで「ガール」だったということです。「エレベーター・ガール」や「バス・ガール」といった言葉があったことからもわかるように、働く女性は若いことが前提だった。「ガール」でない年頃まで働く女性もいたでしょうが、「○○ガール」という言葉からは、被雇用者として働く女性を取り巻く視線のあり方が透けて見えます。

当時の男性社員は、自社の女性社員のことを「うちの女の子」と言っていました。実際、かつての日本では、女性社員の定年が三十代という会社もあり、多くの女性は結婚と同時に会社を辞めていました。「うちの女の子」という言い方はあながち間違いではなかったのであり、OLすなわちオフィス・レディーと呼ばれるようになったことは、一つの進化だったのかも。

女性社員が「ガール」や「女の子」と呼ばれた背景には、企業における擬似家父長制があったようにも思います。かつての日本企業では、社長が父親で社員が子供、というように、会社を「一家」と捉えるケースがままありました。下部組織においても、部長がお父さんで、若手の社員が息子・娘……、というプレイをすることで結束力や滅私奉公力を高めたのです。

その時、若い女性社員は擬似家族における末娘の役割。無邪気な女の子として部署に明るさや華やかさをもたらすことを期待されていたからこそ、「末娘」の役割を演じられる間だけ、女性は会社勤めが許されたのでしょう。

サラリー・ガールやビジネス・ガール、そしてオフィス・レディーといった言葉の源流に存在するのは、「職業婦人」です。「職業婦人」は大正時代から使用されるようになった言葉ですが、事務員であれ教師であれまた販売員であれ、仕事を持つ女性達は「職業婦人」と呼ばれていたのです。

農家や商家などに生まれたり嫁いだりして、家業としての仕事を担う女性達は、江戸時代から存在し続けていました。が、彼女達は大正になっても「職業婦人」と言われることはありませんでした。

職業婦人とはすなわち、家とは別の場所に通勤して、給料をもらう女性のこと。宿命として家業に従事するのではなく、自分から職業を求めて被雇用者として生きる女性は少数派だったため、珍しい生き物としてカテゴライズし、指差して眺めずにはいられなかったのです。

職業婦人という言葉は当初、差別的な響きを持っていました。女なのに外で働かざるを得ないかわいそうな人、といったイメージが大正時代の「職業婦人」にはあったようで、職業婦人であることを恥じて、コソコソと働きに行く人もいたのです。

次第に、困窮家庭の女性が仕方なく働きに出ているというイメージは薄れ、「仕事に生きがいを覚える女性もいる」という認識は深まっていきます。が、「職業婦人」という言葉が使用されなくなった後も、職業を持つ女性に対する蔑視は、長く続きました。

BGという呼称が登場してからも、

「同じ会社で働くBGと結婚するのは恥」

という感覚を持つ男性がいましたし、OLの時代になってからも、「女が外で働くと臭みがつく」ということで、学校を卒業しても就職せずに、結婚までは「家事手伝い」をする、という女性が存在していたのです。

「家事手伝い」という言葉を若者は知らないかと思いますが、これは家政婦さんのことではなく、実家の家事を手伝っているという意味。シンプルに言うなら「無職」です。

それでは「ニート」と同じ意味？　と思うかもしれませんが、「家事手伝い」は「そう遠くない未来に結婚する、否、せねばならぬ」と思っている女性だけに許される肩書きでした。学校を卒業してから結婚して専業主婦になるまでの間、料理などの花嫁修業をして過ごす女性が、「無職」と名乗るのもナンだったので「家事手伝い」と自称していたのです。

「家事手伝い」を名乗る若い女性は、昭和の末期、一九八〇年代の半ば頃まで細々と存在していました。しかし男女雇用機会均等法が施行される頃にもなると、学校教育を修了した女性は皆、仕事に就くことが当たり前になり、一部の上《うえ》つ方《かた》などには存在していたのかもしれないけれど、「家事手伝い」の人はほぼ絶滅したのです。

「ＯＬ進化論」の連載がスタートした一九八九年は、そんな時代でした。そしてこの漫画で取り上げたのが「ＯＬ」の日常であったことには、その三年前に施行された男女雇用機会均等法が関係しているように思います。

昭和末期までは、企業に就職した女性は、特殊な専門職の人を除けば皆「ＯＬ」でした。が、均等法の施行によって、女性は男並みに働く「総合職」コースと、従来型の「一般職」「事務職」と呼ばれるコースとに分かれるようになったのであり、何となく「ＯＬ」とは後者を指すもの、という意識が生まれたのです。

総合職の女性は、「自分はＯＬではなく、会社員なのだ。ＯＬは、定時に帰ることができる人のことでしょう？」という自負を持っていました。その手の女性は、「バリバリと働くキャリアウーマン」、略して「バリキャリ」などと称されていたものです。「いたものです」というよりも、今もって職務に熱心で有能な女性には、「バリバリ」というオノマトペがつきもの。同じように働く男性が「バリバリと働くキャリアマン」とは言われないことを考えると、現在もなお、男と同等の能力をもって働く女が存在することは椿事《ちんじ》であり、女が働くことは「本来の姿ではない」と捉えている人が多いことを示していましょう。

かくして、男性仕様にできている企業の中で、女性は「バリバリと働くキャリアウーマン」と「気楽なＯＬ」とに分断されました。仕事の内容はもちろん、給与体系も異なりますし、総合職女性はスーツなど私服を着ているけれど一般職女性は制服、という会社も。ＯＬ達が、男性だけでなく、同性のキャリアウーマンの面倒をもみてあげなくてはならなくなったという複雑な時代に始まった「ＯＬ進化論」は、「ＯＬは気楽なだけの仕事ではない」ということを示しました。

「バリキャリ」と「ＯＬ」の立場は異なりますが、しかしどちらの呼称も、会社という男性のために作られたシステム上の異物感を示す言葉である部分は、変わりありません。前者からは、かつての南アフリカにおける名誉白人的な空気が漂うし、後者からは、会社という戦場で呑気にしていられる人、的なお気楽ムードが漂い続ける。働く意欲がどうであれ、「女」という異物を自分達と混ぜることはできない、という男性の意思が感じられます。

それは会社員に限ったことではありません。「女優」「女流作家」「女医」「女教師」と、働く女の呼称には、とにかく「女である」という但し書きをつけて、きっちりと区別していた我が国。七歳になったら男女は席を同じくせず、という儒教の影響のせいで、男は男、女は女と分け置かれた方が安心するのか。はたまた、俳優や作家や医者や教師である前に「女」なのだということを、女に忘れさせないようにするためなのか。

男と女の区別をはっきりさせたくてたまらない日本にも、しかしジェンダーレス化の波は届いています。だいぶ前から「女流」という言葉は使用されなくなっていますし、「女優」ではなく「俳優」の肩書きで活動する女性の俳優も増えている。ＯＬを名乗る人が減っているのも、自然な流れでしょう。

しかし仕事から離れたところに目を移すと、女に「女」マークを貼らずにはいられないという日本人の癖は、まだまだ続いている、というよりも、むしろ強まっているのでした。「○○女子」とか「○○女」といった言い方が流行っているのは、その表れでしょう。

それは、鉄道好きの女性が「鉄子」などと言われるようになった頃から始まった現象かと思いますが、男性が主に愛好する趣味嗜好のジャンルに興味を示す女性に、その手の名前はつきがちです。

「カープ女子」や「仏像女子」、「ウマ女」に「リケ女」に「ドボ女」……と、「若い女性なのに、男っぽい／渋いジャンルに興味を持っている」「女なのにこんな道に進んでいる」という女を言い表す言葉は、増殖しています。看護婦が看護師になって、保母が保育士になったくらいのことは簡単にうずもれてしまうほど、ナントカ女子が誕生しているのです。

私も先日、京都の地味な史跡に行く時にタクシーに乗ったところ、運転手さんに、

「お客さん、ひょっとして歴女？」

と言われたのでした。私は自分が歴女であるという認識が無いので、

「え？　あ？　ははは……」

と、日本女性のたしなみであるイエスともノーとも取れる曖昧な笑みで応えたのですが、内心では「歴史は、嫌いではない。が、別に歴女とかってわけでもないんだけどな……」と思っていた。

もちろん、運転手さんに悪気はありません。「近頃、歴女という言葉が流行っているらしいから、使ってみようか」くらいの感覚だったのだと思います。むしろ運転手さんとしては、褒め言葉感覚で「歴女？」と言ってくれたという可能性もありましょう。「歴女？」と言われてもやもやしている時に思ったのは、「イクメンと呼ばれる人って、こんな感覚なのかも」ということでした。そもそもは女がすることと思われている育児に積極的に参加している男性が「イクメン」ですから、言葉の構造としては「〇〇女子」と同じ。

気づけば私も、

「僕は家事も育児も、やってますよ」

と語る男性に対して、

「偉いね、イクメンなんだ」

などと言っているのですが、しかし彼はイクメン呼ばわりされることを、どう受け止めているのでしょう。

家事と育児を夫婦で分担するのは、楽なことではありません。凄絶な喧嘩の末に分担の割合や方法を決め、出世はある程度諦めた気持ちになって家事・育児と仕事を両立させているのかもしれない。そんな人のことを、

「イクメンなんだ」

と軽くくくってしまっては、失礼なのではないか。

妻は会社に通っているのに対して自分は家で仕事をしているので、結果的に多くの家事・育児を担っている男性によると、

「最近の若い父親が、子供を風呂に入れたくらいでイクメン顔をしていると、イラッとする」

のだそう。育児をしている男をひとくくりにしないでほしい、と。

そうして私は、少数派に名前をつけて分別することを、自分もレジャー感覚で楽しん

でいたと気づくのです。カテゴライズという行為は、する方は楽しいけれどされた方はさほど楽しくないことを、よく知っているというのに。

レジャーとしてのカテゴライズ行為は、そのカテゴリーの中に存在する様々な濃淡やら凹凸やらを、ツルッと平板化します。だからこそ、

「私、歴女なんです」

と自称したい人はいいとしても、

「歴女？」

と言われると微妙な気持ちになるのだと思う。

ＯＬやキャリアウーマンもまた、同様。どのような職種であろうと働くことには陰影が付きまとい、「気楽」「バリバリ」程度の言語で二分されるものではありません。ＯＬは、そしてバリキャリは、今までその名称で呼ばれることに対して、微妙な気持ちを抱え続けてきたのではないか。

「ＯＬ進化論」には、気楽そうに見えるＯＬ生活の前後左右に潜む悲喜劇が描かれています。四コマ漫画は、涙よりも笑いを誘うのに適した形態ですので、クスッと／ニヤッと笑える話ばかりですが、その一本を長編漫画にしたとしたら、たくさんの涙や怒りのエピソードが浮かび上がってくるに違いない。

だというのにＢＧからＯＬに変わって五十年以上、というより「職業婦人」の頃から

考えれば百年以上、日本人は「ＯＬ」的な言葉にツルッとしたイメージを持ち続けてきました。勝手なイメージにうんざりしながらも、仕方なく女性達は、「ＯＬ」と呼ばれ続けてきたのではないか。

働く女性のあり方は人それぞれであり、それはもはや、単純な言葉でくくることができなくなっています。ＯＬという言葉が完全に消える頃、日本人は「職業婦人」から百年続いている、「働く女は特殊な女」という思い込みから自由になることができるのではないかと、私は思います。

「古っ」への戦慄

久しぶりに、鎌倉を訪れました。横須賀線に乗り入れる湘南新宿ラインが大船を過ぎると、車窓はしっとりとした景色に。円覚寺を望む北鎌倉駅を過ぎれば、古都にやってきたという気分が、盛り上がってきます。

鎌倉駅で下車し、鶴岡八幡宮へと続く若宮大路をぶらぶらしていると、小学生の時に遠足で鎌倉に来たことを思い出しました。当時は古都の魅力など微塵もわからず、ただ皆で遠出をしたことが嬉しくてはしゃいでいたけれど、今となっては自分の古さと鎌倉の古さとが、しっくりくる感じに。

そこで思い出したのは、鎌倉時代の女性が書いた日記「とはずがたり」のことでした。作者は、京都で後深草院《ごふかくさいん》に仕えた、二条という女性。若い頃は極度に性的にお盛んであった彼女は、お盛んすぎたせいか三十歳そこそこで出家し、性愛の世界から足抜けします。その後は、西行に憧れてこれまたお盛んに日本中を歩き続けるという、振れ幅の大きな人生を送った人です。

二条は東国への旅において鎌倉を訪れていますが、この時に鶴岡八幡宮のことを、「新八幡」と書いているのでした。八幡神は、源氏の氏神。村上源氏の出身である彼女にとって、京都の石清水八幡宮は何かと頼りにしている神社でした。そして鶴岡八幡宮は、京都の石清水八幡宮を勧請《かんじょう》してできたからこその「新八幡」。

現代の関東人にとってはしっとりした古都である鎌倉も、鎌倉時代の京都人にとっては、新しい都でした。若宮大路にしても、鶴岡八幡宮は石清水八幡宮からすると若い宮であるからこそのネーミングです。

私は、新しく拓かれた街に行くと、いつも心が寒いような感覚を抱きます。駅前のペデストリアンデッキの向こうには高層マンションが建ち並ぶ……といった景色からは生活の息遣いが感じられず、「ここには住みたくない」などと思うのですが、七百年前の京都人・二条は、新しい街・鎌倉を見て、どう思ったのでしょう。何もかも新しい、そのツルツルな感じに、違和感を覚えたのではなかったか。

二条は、多少の揶揄を込めて、鶴岡八幡宮のことを「新八幡」と言ったのかもしれません。京都人としては「鎌倉なんて、元々はド田舎だったのに」と、新しい街・鎌倉を眺めていたように思うのです。

新興勢力である武士が台頭し、公家は弱体化していったこの時代。公家にとって武士は、鼻持ちならない存在であったことでしょう。しかし一方には、「武士、カッコいい！」と思う人もいたはずです。優雅で平穏な時代が長く続いた世で、武士の荒々しさは、新鮮な刺激として受け止められたのではないか。公家の女性達の中には、武士の力強さに密かに心を奪われ、優雅で知的な貴族男性が、急に軟弱で頼りなく見えるようになった人もいた気がしてなりません。

「新しさ」の勢いって、そういうものだわね。……と、私は鶴岡八幡宮の鳥居を見上げながら、思っておりました。新しい何かが登場すると、それまでは普通だったものが、急に古くてダサく感じられる。新しさはいつの時代も、人を夢中にさせるのです。

新しい何かが登場した時に人が忘れがちなのは、新しいものもやがては古くなる、という事実です。それは人の世の理《ことわり》ではあるものの、新しさに夢中になっている時は、それもいずれ古びる時が来るということは、考えもしない。若い不倫相手に夢中になっている人が、不倫相手も年をとることを忘れているように。

私は、「新〇〇」というネーミングを見る度に、そのことを思うのでした。「新〇〇」と名付けた時、人々は新しいものはやがて古びるという事実をすっかり忘れるほどに興奮していたことが想像されるから。

それはたとえば、「新幹線」。新幹線が東京・新大阪間で開業したのは、一九六四年のことでした。それまで六時間半ほどかかっていた東京・大阪間の鉄道での移動時間を、翌六五年には三時間余に短縮させた夢の超特急に、人々は沸きました。それはまさに

「新」しい「幹線」だったのであり、「新横浜」や「新大阪」といった駅名からも、新幹線への興奮が伝わってきます。

しかしそれから半世紀以上が経てば、新幹線の「新」という字は、既に形骸化。「しんかんせん」の「ん」の効果で弾むようなスピード感を漂わせる名前ではありますが、「新」な感じは、もうしない。新横浜や新大阪にしても、何が「新」なのだか、もうよくわからなくなっています。

「新宿」にしても、甲州街道の新しい宿場町としてその名がついたのは、江戸時代。今、夜の街・歌舞伎町のネオンを眺めている時に、新しい宿場町としてこの地が拓かれた頃の人々の興奮を想像するのは難しいものです。

これら全く新しくない「新〇〇」が世に溢れているところを見れば、人がいかに新しさにうっとりしやすい生き物であるかを、実感するのでした。すぐに時は経って新しさはどんどん磨耗するとわかっていても、人は「新〇〇」と名前をつけずにはいられないのです。

コロナ時代となって、政府が「新しい生活様式」というものを打ち出したのも、武《む》者《しゃ》小路《のこうじ》実篤《さねあつ》が「新しき村」をつくった時のように、「新」という文字が、何か素敵なものを想起させるからなのだと思います。

「感染防止のため、マスク、手洗い、うがいを徹底し、密を避けましょう」

ではあまりに現実的ですが、

「『新しい生活様式』のスタートです」

であれば、どこかで希望を持つことができそう。きっと電通とかが一丁嚙みしていることと思われる言葉の使用法ですが、我々は既にその「新しい生活様式」にも、飽きてきてしまいました。

さらに言うならば、ニュースなどでコロナのことが報じられる時、アナウンサーがいちいち、「新型コロナウイルス」と正しい名称を言うことに、私はいつも感心しています。コロナウイルスというものは以前からあって、それが変異したことによって蔓延したのだ、ということで「新型」であることを必ず言っているのでしょう。しかし今、コロナと言った時に旧型のウイルスを思い浮かべる人も、そしてコロナビールやトヨタのコロナやコロナストーブを思い浮かべる人もいまいよ。……と思うのですが、それでもきっちり「新型コロナウイルス」と表現され続けるのは、既にコロナ慣れやコロナ飽きしている我々に、活を入れようとしているのか。

新しさは、人々の間に劇的に広まる強さを持っています。新型コロナウイルスは、新型であったが故に誰も免疫を持っておらず、一気に世界に広がった。ファッションやら音楽やらの流行も、その新鮮さに皆が夢中になり、世界を駆け巡ります。

ウイルスは別にして、確かに新しい何かに接する時は、わくわくするものです。学校でも職場でも、フレッシュマンはいつも注目の的。新しいお店は行ってみたくなるし、新商品には興味津々、というように。

が、しかし。新しさが劇的な効果を発揮すればするほど、それは腐りやすくもあるのでした。芸人さんを見ても、一つの芸があまりにも流行ると「一発屋」となり、その後、コンスタントに活躍することが難しくなる。タピオカもまたナタデココ的な運命をたどっていますし、ファッションの流行にしても、一度流行が終わると、最低でも二十年は経たないと、リバイバルすることはないのです。

「二十年」とは、その流行を全く知らない世代が大人になるまでにかかる時間です。若者達は、かつての流行を知らないからこそ、新鮮な気持ちで捉えることができるのでしょう。

新しいものは、瑞々《みずみず》しい。しかし新しいものがたっぷりと含んでいる水分は腐臭を発しやすく、一度腐ると、なかなか乾くものではありません。流行が腐った後、完全に乾き切るまでに最低二十年はかかる、ということでもあるのだと思います。

我々はしばしば、時代遅れの事象を、

「古っ」

と嗤いますが、「古っ」と言われるのは、半腐れというか生乾きというか、その手の状態にあるものなのでした。しかし乾き切ってしまえば、「古っ」とは言われずに、「レトロ」「懐かしい」「クラシック」などと、好意的に捉えられるようになる。

少し前までは半腐れ状態で、

「昭和って感じ～（笑）」

と揶揄の対象となりがちだった事物も、特に令和となって以降は、昭和が二時代前となったこともあって、すっかり乾き切ったようです。レコードがＣＤより売れているとか、フィルムカメラがいいとか、シティポップ最高だよねなどと若者達が言うのを見れば、昭和もやっとフリーズドライ化されたという感慨が湧く。

さらに年月が経てば、昭和の文化はさらに賞賛されることでしょう。東大寺を見て、

「古っ」

と言う人はいないわけで、一定以上の古さをもつものは、文化財として大切にされるのです。

新しさがチヤホヤされる↓半腐れ状態が「古っ」と嗤われる↓古さが賞賛される……という流れは、ファッションであれ車であれ言葉遣いであれ、同様です。人間にしても、新しい人間、すなわち若者や子供は、その新しさをもって賞賛されるのであり、高齢者もまた、その経験の積み重ねやら達観ぶりやらで尊敬される。……のに対して、若者でも高齢者でもない半腐れ、と言うのに語弊があるのならば中古の人間は、なかなかそのあり方が難しいのでした。

私もまさに今、中古盛りの人間です。つい、

「超ウケる！」

などと口走り、若者から、

「『超』とか『ウケる』とかって、古っ」

などと言われると、いたく傷つく。

かといって、

「マジ草！」

などと言ってしまっては、これまた変なアピールをしているかのようで、唇寒し。若者言葉を使用してはいけないお年頃であることを自覚しつつ、

「とても面白いですね……」

と、小声でつぶやくのです。

ファッションや髪型にしても、中古の人間はどうも決まりにくいものです。自分でイケていると思う格好をしても、それは既に「古っ」というものであったりもする。

中古の人間は、このように新しい人間からすると腐臭ぷんぷん、ということをしでかしがちなのであり、「古っ」と言われないように頑張っているのでした。古いことって、そんなにいけないのか？　……とも思うけれど、自分が新しい人間であった頃は、自分もまたおじさん・おばさん達に対して、

「あの人、さっき『アメラグ』って言ってたよね。古っ！」

「アメフトだよねぇ」

などと、せせら笑っていましたっけ。いつの時代も若者は、新しさ・古さを決めるのは自分達で、古いものを嗤う資格を自分達は持っていると信じているのであり、因果は巡るというものです。

もう少し年をとり、完全に古い人間、すなわちおばあさんになれば、新しくも古くもないというどっちつかず感から抜け出ることができるのに、と思うこともあります。私が若かった頃も、祖母が「おこうこ」やら「唐茄子《とうなす》」やらといった古い言葉を使うことに「古っ」とは言わなかったし、祖母がいつも着物姿でいるのも、古いともダサいとも思わなかった。中古ではなく太古の人になれば、かえって自由になることができるのではないか。

が、しかし。そのような期待の前には、暗雲が垂れ込めているような気がしてなりません。

私が若かった頃の高齢者は、まだ尊敬される資格を持っていたのです。祖父母世代は、戦争や、何なら関東大震災もくぐり抜けてきた、苦労人。年をとっていればいるほど経験も積んでいるということで、確実に美味しい漬物を漬けたり、風の吹き方で明日の天気を予測したりするといった知恵も、持っていました。

対して私達の今の生活は、経験値が積み上がらない仕組みになっています。長年ぬかみそをかき回し続けなくとも、誰でも美味しく漬けられるぬか床を簡単に買うことができるし、ぬか床などなくとも漬物そのものを買えばいい。おばあちゃんの知恵的なものは、ネット検索や百円ショップで代替可能となりました。

また戦争も貧困も知らない我々は、むしろ年下の世代よりも楽をして生きてきたということで、人生観も生ぬるい。着物は着方も知らないので、渋いおばあちゃんになることもできません。

IT化も、未来の高齢者にとっては味方にはならないでしょう。IT技術は、積み上げるものではなく、更新されるもの。更新ペースについていくことができない高齢者は、今にも増してお荷物扱いされることが確実です。IT化は、若さや新しさが偉いという時代の流れを、さらに強めるのです。

我々が高齢者となる頃には、長年積み上げ、熟成させた知恵を持つ年寄りは、その存在自体が珍しくなりましょう。一部の職人や伝統芸能の世界でのみ、経験値の高い高齢者は尊敬され、積み上げようの無い経験しかしてこなかった高齢者の大群が出現することになりそうです。

姥捨《うばすて》伝説には、「老人は棄てろ」と国王から命令が下ってもお年寄りを匿《かくま》っていた人が、国王から与えられた難題を解決する知恵をそのお年寄りが持っていたために助けら

れた、というものがあります。しかし知恵が積み重ならない時代において、そのようなことはもう無さそう。未来の王は、

「プログラミングができない年寄りは棄てろ」

と命令しそうなのであり、おばあちゃんの域に入っても、私達は「古っ」と言われることを恐れ、若者の真似をし続けなくてはなりません。

我々のように、「古っ」と言われないようにビクビクする人々が住む東京という街自体もまた、「古っ」と言われることに対する恐怖に怯えているように見えます。渋谷を見ているとわかりやすいのですが、ダサくなった中古の建物はどんどん壊されて、新しいものが造られていきます。乾き切って味が出る前の段階で壊される建物は、どれも自分と同年代。誰もが乾き切ることができるわけではないと、建築物は我々に伝えるのでした。

奈良、京都、鎌倉といった古都は、かつては国の中心であったけれど今はそうではない、という地です。中高年もまた、かつては「自分を中心にこの世は回っている」と思っていた時期がある人々なのであり、だからこそ中高年は古都に行きたがるのかも。

私は、古都は知っているけれど、中古の都は見たことがありません。考えてみれば「とはずがたり」の二条が新都・鎌倉で新八幡を見ていた頃の京都は、まだ生乾き状態

で、独特の臭気を発していた、中古の都だったはず。その頃の京都に、タイムマシンがあったなら行ってみたいものだ、と思います。

「本当」の嘘っぽさ

私が中高生の頃、

「うっそー」

「本当？」

しか言わない若い女、というものが大人達から批判の対象となっていました。何を聞いてもその手の言葉を返してくるワンパターンさと、いちいち驚いてみせるカマトト（当時の言葉で言うと「ぶりっ子」）さ加減に、大人達はイラついていたのです。

私自身、「うっそー」だの「本当？」だのと言っていた当事者だったのですが、どれほど揶揄されようと、当時の、すなわち昭和末期の若い娘達は、気にせず「うっそー」「本当？」と言い続けたものです。それが流行り言葉であったからだけではなく、我々はそのように言うことが一種の礼儀である、と思っていた節がある。

「うっそー」「本当？」は、相手が言った言葉の真偽を疑い、確かめる意を持ちます。が、本当に真偽を疑っているわけではなく、「真偽が疑われるほどに私はあなたの発言に驚かされました」というニュアンスが、そこには込められています。

たとえば、

「昨日、○○君と本屋さんでばったり会っちゃった！」

と友達から言われた時に、「うっそー」「本当？」で返せば、クラスの人気者である○○君と偶然会ったことを祝福する意味となりました。

「へーえ」

とだけ返すよりも、友情に篤い受け答えとなったのです。

「うっそー」「本当？」は、すなわち、相手の発言に対して「今の話、面白かった」「いいネタ持ってるね！」という意を含ませることができる言葉でした。特に異性に対しては有効であり、

「昨日、学校でタバコ吸ってたら先生に見つかっちゃってさぁ」

と言う男子に、「そうなんだ」ではなく、

「うっそー」

と返してあげれば、彼の不良性に対する憧憬や賞賛の意が伝わります。

「いよっ旦那、学校でタバコを吸うとはさすがでげすなぁ」

的な幇間《ほうかん》効果を、もたらすことができたのです。

「うっそー」「本当？」の他にも、「すごーい」「かわいーい」等も、我々にとっては身

に染み付いた定型ワードでした。自分達は世の中において、芸者的な役割を期待されているのだと本能的に察知していた我々は、何にでもすぐ驚いたり感動したりする姿勢を示すことによって、世の期待に応えようとしたのです。

「うっそー」「本当？」は女子の言葉でしたが、時を同じくして台頭してきたのは、

「マジ？」

という言い方です。江戸時代から、「まじめ」を「まじ」と略する言い方はなされていたようですが、昭和時代には、本気と書いてマジと読ませる漫画等の影響によって「本気《マジ》」が男子の間で広く使用されるように。

その後、「真剣」と書いてマジ、となったりもしたのであり、

「俺……、マジでお前のこと、好きなんだ」

と告白すれば、ふざけて言っているわけではなく真剣に、それもちょっとやそっとではなく大層好きだ、という意味になったのです。

「マジ」は、何かを聞いた時の驚愕や感動を表現する時にも、使用されるようになりました。それは女子にとっての「うっそー」「本当？」と同様の意味となり、次第に女子にも伝播していったのです。

私達の世代は今でも、

「うそっ」

「マジ?」

といった合いの手を、しばしば入れるものです。それらはもはや、口語界になくてはならないインフラと化したのみならず、スマホに「まじ」と入れると、変換候補として「本気」が出てくるほどに一般的な用語となりました。

相手の言葉が、「本当」であり「マジ」であるかをしばしば確認する我々は、自分の言葉も「本当」であり「マジ」であることをいちいち強調する必要にも、常に迫られています。たとえば「ありがとう」とシンプルにお礼を言うだけでは心許なくて、

「本当にありがとう!」

「マジでサンキュー」

などと言うことによって、「この謝意は嘘ではないと証明しないと不安」という心理を皆さんは抱えてはいまいか。

なぜそうなるのかといえば、この世には善意による嘘が溢れているからなのでしょう。善意の人々はちょっとしたことでも謝意を連発するので、「ありがとう」「すみません」に含まれる真意の含有比率は今、著しく低下しています。それを補うために「本当」「マジ」は重用されているのだと思う。

善意の人の嘘には、私はいつも感心しているのでした。たとえば、コロナ太りした人がいたとしましょう。

「ステイホームですっかり太っちゃって……、嫌になっちゃう」
という本人の発言に対して、
「そう？　全然わからないけど？」
と返すことができる人が、この世にはたくさんいます。その人達は、会った瞬間に「あ、太った」と思っていても、そのことを全く表情にも言葉にも出さない思いやりを持っている。

その手の人は、おじさんの駄洒落にも腹をよじって笑うことができるし、あまり嬉しくないものをプレゼントされても大喜びすることができるもの。「気遣い」「心配り」とも言われるその手の行為はしかし、よく考えるならば「嘘」でもあるのでした。

相手を傷つけないための、そしてその場の雰囲気を和やかにするための嘘が、この世には横溢しています。善人であればあるほど、善意の嘘の量も多くなる。

そういった部分でバカ正直な気のある私はつい、自分が正直であるのと同様に他人も正直であると思いがちなのですが、それは明らかに間違いなのです。善意の人々による思いやりの嘘のお陰で世の表面は穏やかに保たれるのであり、私のような正直者だらけだったら、どれほどギスギスすることか。

善意の人々は、嘘の裏にある真実に気づいていないわけではありません。太った人には「太った」と思い、駄洒落には「面白くない」と思い、嬉しくないプレゼントには

「うっ……」と思っているのだけれど、善意によって磨かれた演技力によって、本当の思いとは正反対の表情を浮かべることができるのです。

対して正直者の私はといえば、一応は大人としての分別が働くようになったので、

「太っちゃって……」

と言う人に対して、

「本当だ、結構キテるね！」

とは言わず、ただ黙っていることはできるようになりました。が、その沈黙から「結構キテるね！」という真意が滴り落ちていそうで怖い。

善意の人による善意の嘘にはいつも救われている私ですが、後から考えて「あの時、あの人は嘘をついて私が恥を掻かないようにしてくれていたのだなぁ」と思うと、いつも恥ずかしくて消え入りそうになるものです。たとえば私は以前、とある偉い方から、

「エッセイ、いつも読んでます！　面白いですよねぇ」

と褒めていただきホクホクしていたのですが、しばらくしてその方のインタビュー記事を読んでいたところ、「人に会ったら必ず、その人のことを一度は褒めるように努力している」と書いてあるのを発見。

「努力して褒めてくださっていたのか……」

と、申し訳ない気持ちになったことでした。善意の嘘は、時に人を寂しい気持ちにさ

せることもあるのです。

善意による嘘は、マナーとしての嘘と言うこともできましょう。それは相手との間に良好なコミュニケーションを保つための嘘であり、悪意は全くないのです。

そのような嘘が世に溢れているからこそ、私達は心の底から何かを伝えたい時に、「これは本当なのです、嘘じゃありません」

と、必死にならざるを得ないのでした。さほど謝罪する気持ちはないのに言う「すみません」や、習慣として口をつく「ありがとう」だらけの世で生きていると、本気（ここでは「マジ」ではなく「ほんき」）で「すみません」や「ありがとう」を言いたい時、それ単体では、真意が伝わらないのではないかという恐怖に襲われる。

だからこそ、

「本当にありがとう！」

「マジですみません！」

となるのであり、それでもまだ弱いと思ったならば、

「本当に本当に、ありがとう！」

といったトッピング増量策をとることも。

私も、「本当に」という表現には本当にお世話になっている者です。正直者とはいえ、時には他人が口走る善意の嘘に同調してみたり、思っていることを言わずに呑み込んだ

りすることもある。そのような自覚があるからこそ、真実を伝えたい時には「本当に」を多用して強調するのですが、しかし「本当に」を使えば使うほど、言っていることの真実味が薄くなるような気も、しております。

「本当」は、どこまで本当なのか。「本当」こそ、本当は嘘くさいのではないか。……という「本当」に対する疑いは、

「うっそー」

「本当？」

を連発していた頃から、既に持っていたような気がします。たとえば恋愛に手を染めるようになった頃、恋バナにうつつを抜かしていると、友人の中でも恋愛経験値が高い子が、

「でもさ、みんなはまだ、本当に人を好きになったことがないんじゃないの？」

などとアンニュイに問いかけてきたものでした。激しい恋愛を経験したことがある人には、ひよっ子達の恋愛が、上っ面だけの非・本物に見えたのでしょう。

経験値の高い人からそう言われると、「確かに自分、恋愛ってものをしてみたいだけなのかもしれず、相手に対する恋情が本当かどうかと言われると、全く自信はありません」と黙るしかなかったのですが、一方で「本当に人を好きになる」ってどういうことなのだ、とも思っていた。

私のみならず、若者の恋愛はたいてい、「相手を本当に好きか否か」というよりも、

「相手が自分のことを好きになってくれたので、まあいいかと思ったから」

「ここらで人生初セックスをしておかないとまずいのではないかと思ったから」

「みんなが恋愛してるから」

「相手のレベルと自分のレベルが釣り合っているから」

といった軽微な足がかりから発生するものであり、交際を続ける理由も、実は恋愛感情からではなく所有欲求からだったりしたもの。そんな恋愛庶民に対して、

「本当に人を好きになったことがあるのか」

と問う人は当然、「私はありますけどね」という自信を持っているわけで、その発言によって「本当」を知る人と知らない人の間に、格差が発生しました。

恋愛のみならず、

「あなたは本当の○○を知っているのか」

と問う人は皆、激しい○○体験を持っており、かつその体験に誇りを持っています。壮絶な人生経験を持つ人は「本当の苦労」や「本当の悲しみ」を他人に問うし、

「あなたはまだ、自分と本当に向き合ったことがないでしょ？」

と言った人は、夫の不倫で苦労して、自分の底知れぬ嫉妬心と向き合わざるを得なくなった人だったっけ。

はたまた女性誌は、

「あなたは本当のセックスの快楽を知っていますか」

といった見出しで、我々を脅しました。あなたがしているセックスなど、子供だましに過ぎない。めくるめく本当の快楽を知らないままに老いていって、いいの？　……と、読者の焦燥感を掻き立てたのです。

そのような問いを受けた時、以前は「私はまだ本当の○○を知らないのね」と、いちいち真に受けていた私。しかし大人になるにつれ、心の中で、

「知らんがな」

と、つぶやくようになっていったのでした。本当の○○を「知らんがな」なのではなく、本当の○○を自分が知っているかどうかなど、「知らんがな」。別の言い方をするなら、

「ほっとけや」

ということにもなりましょう。関西弁ってこういう時に便利ですが、しかしおそらく私は「本当の○○」など、なに一つ知らないのだと思います。

「本当の○○」と言われがちなものは皆、極めて不定形です。このダイヤモンドは本物か人造か、といった問題と違って、恋愛や苦労やセックスでの快楽が本物かどうかは、黒か白かで判定は不可能。恋愛やら人生やらが「本当」か否かは、判定がつくものでは

ないのです。

「とりあえず自分のレベルだったらまぁ、この辺りで妥協しておいた方がいいだろう」という相手と付き合い、燃えるような恋愛感情はなかったけれど結婚して、二人の子供も育て上げて平穏無事に添い遂げました、というカップルは「本当の恋愛」をしたのか。そして「本当の幸福」を味わって、「本当の人生」を歩んだのか。それは本人達にもわからないし、ましてや他の人が判断すべきではありません。

それが不定形であればあるほど、「本当の○○」という言い方が詩的に聞こえることは、事実です。歌の中で「本当の恋」「本当の自分」などと表現されると、まだ見ぬどこかに「本当」が待っていてくれるような気がして、特に若者などは夢が広がるのだと思う。

しかし大人になってみると、それが本当かどうかを追求しないところに人生の味わいがあるようにも、思えてくるのでした。嘘が嘘だとわかりつつ「本当」だと思い込んでみたり、「本当」だと信じ込んでいたものが実は嘘だったりすることによって人生には彩りが生じるのであり、本当だらけの人生というのも、実はつまらないのではないか。

「あなたは本当に『生きた』って言える？」

などと誰かから問い詰められたら、

「さぁ？」

と言うしかない私。本当と嘘の違いなど、実は大したことではないのかもしれない、と思います。

「生きづらさ」のわかりづらさ

「生きづらさ」という言葉が流行っています。

「生きづらさを抱えたあなたへ」

とか、

「生きづらい世の中に負けない」

といった文を読む度に、「はたして私は、『生きやすい』のか『生きづらい』のか?」

と、自問するのでした。

性格は暗いしいつも少数派だしひねくれているし意地悪だし……ということで、

「ああ、生きるって楽しい!」

と思ってきたわけではない。とはいえそれなりに楽しいこともあって、

「ええ、生きづらいんです私」

と、堂々と言うのも、気がひける。というよりも、「生きづらさ」の正体が今ひとつ、私にはわかっていないのです。

「生きづらい」という状態は、主に若者にあてはまるのだと思います。五十代とか六十代にもなって、

「私、生きづらいんです」

と真顔で言ったとて、

「えーとこの五十年の間に、その生きづらさを自分で解決することはできなかったんですかね？」

と思われるのが関の山。

まだ物心両面で生きる術を確立していない時期にある人が、何となく心の晴れない日々を過ごしている時に、「生きづらさ」という言葉は適用されるのでしょう。では昔は、生きづらさを抱えている人はいなかったのだろうか。

……と考えると、若者が抱きがちな悶々とした気分は、昔は「悩み」というシンプルな言葉で表現されていた気がしてなりません。

仲間はずれにされたといっては悩み、成績が今ひとつといっては悩み……ということで、若い頃は誰しも、悩み多き日々を過ごすもの。鬱々と悩んでいる若者がいたならば、大人達は「ま、若いから色々あるだろう」と、放置していました。人は悩むことによって成長していくのだから、と。

しかし少子化が進むと、子供は貴重品となり、子育ての丁寧化が進みました。若者が

何か悩みを抱くと、大人達がすぐに駆け寄って「ケア」というものをしてくれたり、「あなたは悩まなくていいし、自分を変える必要もない。そのままでいいんだよ」と、声をかけてくれるようになったのです。

ネット社会となり、若者達がネット上に悩みを吐露しやすくなったことも、「生きづらさ」ブームには関係していましょう。かつては若者達の間で解決されたり、時には解決することができず暴発することもあった若者の悩みや鬱屈は、ネットで公開されるようになったことによって、大人が手を差し伸べて「ケア」すべきことになったのです。「ケア」という言葉についても、私は今ひとつその実態を理解していません。何かをカタカナ語で言われると、わかっていないのにわかったつもりになることがしばしばありますが、「ケア」にしてもそうなのです。

何かを助けたり面倒をみたり気にかけたり、というイメージが「ケア」にはありますが、それは生きるか死ぬかという時に使う言葉では、なさそうです。「人命のケア」とは言いませんが、「毛穴のケア」「キューティクルのケア」など、「何もしなくても今すぐどうこうということはないが、大切に扱った方が長い目で見た時に良い」という対象に施すのが「ケア」なのか。すなわち、「治療」や「救助」まではいかない、その手前にある手助け全般が「ケア」、という印象です。

悩みやつらさを抱える人に対して、「私はあなたの悩みやつらさを見ていますよ」という姿勢を示すことが、ケアのベースにはあります。「ケア」が示す範囲が幅広くなっている中で、人々の悩みやつらさを分類して、分けられたジャンルに名付けをすることも、「ケア」の一環なのではないか。

たとえば昔であれば「落ち着きのない子」と言われていたタイプが「ＡＤＨＤ」になったり、「変わってる」と言われていた子は「発達障害」とされたり、「おとこおんな」が「性同一性障害」と言われたりと、様々な状態に名付けが行われるようになった、昨今。様々なことに対して過剰に繊細な人が「ＨＳＰ」と言われるようにもなり、名付けの可能性の幅は広がっています。

そういった言葉が世に出ると、

「私も発達障害でした」

「私はＨＳＰです」

と声をあげる人が、次々と出てきます。名前がつけられたことによって、

「私はＨＳＰ（なりＡＤＨＤなり）なので、普通の人とは違っているのです」

と周囲の人に理解してもらうことができるようになってよかった、という話もよく聞くもの。

性の領域においても、ヘテロセクシャルとホモセクシャルだけでなく、性自認と性的指向の掛け合わせによって細かく分類され、それぞれに名前がつけられているのであり、

私などはもうそれらの名を覚えることができません。そして、細かなジャンルに属する人に対して正しく対応できる自信も、全くないのです。

その手の名付けとは、陣地づくりのようなものなのでしょう。多様性が重視される世の中において、

「世の中には、こういう人もいるのです」

と、陣地をつくって旗を立てることが名付け行為であり、

「私もそうです」

と名乗りをあげることによって、人はその陣地に入植することになる。

様々な旗があちらこちらに立てられることによって、「普通の人」は次第に、自分達の居場所が減少してきた感覚を抱くようになってきました。昔は、「普通の人」の国において漫然と生きていればよかったのが、今や「普通の人」がさほど普通ではなくなってきたし、何だか普通国の住人であることが申し訳ない感じにもなってきた。同時に、「普通の人なのだから、ケアとかは別に要らないでしょ？」

ということで放置されがちになって、寂しくもある……。

そんな中、色々と悩みはあって毎日薄暗い気持ちで過ごしているのだが、かといってなんとか障害でもないし、なんとかセクシャルでもないし、なんとかフォビアでもない。ということで自分にぴったりの陣地を見つけられない人に用意された、かなり広大な駆

け込み寺のような場所をつくる言葉が、「生きづらさ」なのではないかと私は思います。「生きづらさ」ブームの前、「居場所がない」という言い方が流行りましたが、自分の居場所がない、と思っている人に居場所を提供したのがまさに、「生きづらさの国」だったのではないか。

生きづらいかどうかは、誰かから判定されるものではなく自己判断ですので、手をあげれば誰しも、「生きづらさの国」には入ることができます。そして、

「生きづらいんです」

との告白は一種のSOSですから、優しい人から手を差し伸べてもらうこともできる。人口減少が進む日本において、希少で傷つきやすい若者達を大切に育てるためのセーフティーネットとして、「生きづらい」という言葉は機能しているのではないか。

生きづらさという言葉の広がりは政府も察知しているようで、かつての厚生労働大臣は、

「生きづらさを感じている方々へ」

とのメッセージを出してもいました。新型コロナの影響もあって、今後についての不安を抱えている人も多かろう。一人で悩みを抱え込まずに、周囲の人に相談してほしい。相談相手がいなかったり、知り合いには話しづらいという場合には、色々な窓口もありますよ。……ということで、メッセージにおいては各種の相談窓口を紹介してもいまし

た。

厚生労働省の考える「生きづらさ」の中には、経済的苦境等も入っているようですので、国としては単に若者の心のもやもやだけではなく、もっと広義の、国民全体の悩み・苦しみをカバーする言葉として「生きづらさ」を捉えているようでした。「生きづらさ」という流行り言葉をコロナ時代に合わせて利用しているように見えますが、今や「生きづらさ」ブームは国も認めるところとなっている、と言うこともできましょう。

このメッセージでは、「生きづらさ」の原因は各種の「悩み」である、もしくは「生きづらさ」とは「悩み」だ、と読むことができます。私の、「『生きづらい』とは、昔で言うところの『悩む』ということではないか」という推測も当たらずとも遠からず、なのかもしれません。が、狭義の「生きづらさ」、つまりは若者の間で流行っている「生きづらさ」は「悩み」とは根本的に異なる部分があって、それが「原因をどこに置くか」ということなのです。

悩みを持つ人はかつて、その原因は自分にあると認識していました。悩みを解消するためには、自分で頑張って状況を変えなくてはならない。……と、実際に頑張るかどうかは別にして、人々は思っていた。

対して「生きづらさ」という言葉からは、他人や社会のあり方など、生きづらさの原因は他者にある、とするムードが漂ってきます。たとえばバファリンを飲む時にいつも

むせてしまう人が、

「バファリンって、飲み込みづらい」

と言った時、その人は「飲み込みづらいのはバファリンの錠剤が大きすぎるせいだ」という意識なのであり、「自分の食道が狭すぎる」とか「自分の嚥下《えんげ》能力が今ひとつ」とは思っていない。

同じように、

「なんかこの小説、読みづらい」

と言ったならば、作家のストーリー構成能力に難があるためであって、自分の読解力のせいではなくなるし、

「この靴、履きづらい」

と言う時に悪者とされるのは靴メーカーで、自分の足が甲高幅広であることは、棚にあげられるのです。

このように、「……づらい」という言い方は、その「つらさ」の原因を他者に置く傾向があって、もちろん「生きづらい」にしてもそう。生きづらさを訴える側はあくまで被害者であり、その人の生きやすさを阻害している要因を誰かに取り除いてほしいものだ、という響きを持つ言葉です。

「生きづらさ」は周囲のせい、という響きをもたらしているのは他ならぬ「周囲」、と

言うこともできます。誰かが、

「生きづらい」

とつぶやくと、周囲の人々が原因を探ったり面倒をみたりと手厚い「ケア」をし、

「あなたは悪くないんだから、そのままでいいんだよ」

と、自尊心を保たせることによって、主体に「自分のせいではないのだな」という感覚をもたらしているのではないか。

もちろん、本当に他者のせいでつらい目に遭っている人はたくさんいます。そういった人々に対しては、きちんとした支援や援助が必要なのですが、しかし「生きづらい」が流行語となってからは、

「それ、本当に他人のせいなの？」

という事例も増えた気がしてなりません。

たとえばSNS上で、生きづらさを訴える若い男性のつぶやきを見たことがありますが、彼は見た目の良さや性格の明るさなどで異性を選ぶ女性達に対して、憤りを覚えているようでした。つまり彼の生きづらさの原因は、「俺のことを好きにならない女」の側にあるとされているのです。

それを読んで私は、モテるために必死になっていた昔の若者達のことが、懐かしく、そして健気に思えてきたことでした。「モテない」というのは、いつの時代も若者にと

って深い悩みとなりますが、「生きづらい」という言い方が発明される以前の若者は、「モテないのは自分のせい」と思っていました。この世は平等ではないのであって、モテや富は一部の人に集中する。だからこそ自分がモテるためには努力が必要。……と「ポパイ」などを読んでデートスポットを研究したり、爪に火を灯すようにして生活しながら一番安いBMWを買ったりしていたのです。

対して今は、全てにおいて人は平等、という建前が強くなり、モテの機会も平等にあるべきだ、と思う人々が登場してきました。だからこそ、「自分がモテないのは、自分の魅力に気づかぬバカ女（とかバカ男）のせい」という感覚に至るのかも。そういえば今は、女性誌においても「モテメイク」とか「愛されゆるふわヘア」といった文言を目にしなくなったのであり、モテるための努力などといったものは、既に男女共に放棄しているのではないか。いや本当に、昔の若者は努力家だったものじゃ……。

若者達に、

「生きづらい」

と言われると、大人はウッとなるものです。

「あなた達がこんな世の中にしてしまったから、我々は楽に生きることができないんですよ。どうしてくれるんですか」

と言われているかのようだからこそ、大人は若者にさっと駆け寄り、ケアをする。

ここで、
「生きづらさを打破すべく、少しは自分でも努力してみたら？　根性出してみようよ！」などと言おうものなら、「何を時代錯誤なことを言っているのだ」と、批判を受けることでしょう。

菅《すが》元総理が首相就任後、「自助・共助・公助」という言葉を挙げていましたが、特に批判を浴びていたのが、「自助」という言葉でした。自分で何とかしろとは弱者に冷たいではないか、と。

しかし昭和の男・菅氏としては、人々が「ケアしてほしい」「優しくしてほしい」と雛鳥《ひなどり》のように口を開ける様子を見てつい、「自助」をトップに持ってきてしまったのかも。かつての厚生労働大臣は生きづらい人をケアするメッセージを出していたけれど、国のトップの菅さんは、私がわからない以上に「生きづらさ」の意味をよくわかっていなかったように思うのでした。

「個人的な意見」という免罪符

コロナ時代となってますます感じるのは、日本人が抱く「言い切る」ことに対する恐怖心の強さです。流行が始まって以降、

「そう遠くない未来に感染爆発と言えるような状態にならないとも限らないのではないか、という懸念が湧いてきます」

とか、

「このままで行くと、医療崩壊に極めて近い状態を迎える可能性が出てこざるを得ないようにも思うのです」

といった発言を、どれほど耳にしてきたことか。

為政者も専門家も、はたまたコメンテーターも、二重・三重・四重に、「私は決して断言しているわけではありません。あくまで可能性を提示しているだけですんで、そこんとこは一つ、よしなに読み取っていただいて……」というムードで語るのを聞いて、コロナ流行という現象の輪郭をはっきり見たいのに見ることができないというもやもや

が、胸の中に溜まっていきました。

新型コロナが、人類にとっては未知のウイルスであるが故に、そう簡単に未来のことを断言できない、という事情はありましょう。はたまた、下手にはっきり言ってしまうと「むやみに恐怖心を煽《あお》った」と言われかねないので、過剰包装的な言葉遣いにならざるを得ないのかもしれない。

何事もはっきり言わないというのは、日本人にとっては習慣、というよりは文化の一部です。直截的な表現をすると「思いやりがない」とか「ズケズケした物言い」などと言われるため、私達は子供の頃から、自らの意思をそのまま伝えることを避けてきました。出る杭は打たれるということも、生まれながらに骨身に染みているので、自分の意見の中の尖った部分は「かもしれない」やら「みたいな」といった緩衝材で丁寧にくるんでから、提示してきたのです。

誰もが直截的な言い方をしないからこそ発達するのは、相手の言わんとしていることを「察する」という能力。皆まで言うのは下品な行為であり、相手に皆まで言わせる前に聞き手が察するのが配慮というものなのでした。

はっきりとした物言いをせざるを得ない時は、

「はっきり言って、それって違うと思うんですよね」

などと、わざわざ「これから正直な気持ちを言わせていただきます」と仁義を切る、という風習も持っている我々。「正直言って」などというフレーズもあるのを見れば、「自分の意見をそのまま言う」ということは、日本人にとっては異例の事態なのです。

だからこそコロナ時代となっても、その物言いをおいそれと変えることはできないのでしょう。コロナについても、特に初期段階においては、刺激的な見出しを売り物とする週刊誌等のメディア以外では、

「危ない……かもしれませんから、なるべく注意した方がいい……ような気がしますよ」

的なムードで語られました。普段の生活においては、「言い切らない」ことが人間関係をスムーズに回すための潤滑油になりますが、非常事態下での「言い切らない」という習慣は、人々を迷走させたのです。

「言い切らない」という文化の源は、京都なのだと私は思います。京都の人と話していると、「何と自分は、直截的な物言いをする人間なのだろう」と思うことがよくあるのでした。

思ったことをストレートに口にしたり、自身が持つ知識を「どうだ」と開陳《かいちん》したりするのは、私のようなアズマの者がすること。知識のアピールや知ったかぶりは、「枕草子」「徒然草」にも、田舎者の証として記された行為であり、みやこ人にとっては最も忌避すべきこととされています。

しかし千年の時が経っても、アズマの人間は「どうだ」をやめることができません。真意が後からじわじわと浸透してくるような京都人の会話術に接すると、自分のアズマエビスっぷりにしばしば赤面するのですが、とはいえそのような会話術を後から身につけることは不可能。

「アズマエビスですんで、すみません」

という態度を通すしかない、という結論に私は達しております。

京都のみならず関西の人がしばしば口にする言葉の中で印象的なのは、

「よう知らんけど」

というものです。普段のテンションよりも少しでも高めで話したような時は、必ずと言っていいほど最後に言い添えられるのが、「よう知らんけど」なのです。

たとえばお受験ママ達の会話であれば、

「あそこの学校はな、今年は入試の日が変わって倍率が下がりそうやから、受けておいた方がええよ。……よう知らんけど」

という感じ。はたまた若い女性同士の恋バナの時であれば、

「仕事が忙しいから会えへんっていうのは、それほど好きと違うってことやないの？……よう知らんけど」

となる。

相手が言うことを言葉通りにとる傾向がある関東人からすると、「よう知らんけど」に初めて接した時は、「知ってるの？　知らないの？　どっちなの？」と思ったものです。しかしこの言葉が示すのは、本当に知っているか否かといった問題ではない。「私ったら、この問題に関して十分な知識を持っているわけでもないのにこんな話をしてしまって」という謙遜と含羞《がんしゅう》。「よく知らずに話しているので、この発言の責任は持ちかねます」という責任回避アピール。そして、テレビショッピングに出てくる「個人の感想です」的な、「あくまで私の意見ですので、これが絶対というわけではありません」という言い訳。……といった様々なニュアンスを含む、それは実に都会的なフレーズなのです。

「よう知らんけど」を聞いて、

「知ってるの？　知らないの？」

などと表面的な意味にオロオロするのは、まさにアズマエビスの感覚。みやこ人であれば、「よう知らんけど」が、ボクサーにとってのガードのような役割を果たしていることは織り込み済みです。

「よう知らんけど」は、語り手が知識を披露したり、経験に基づくアドバイスをする時にも、しばしば使用されます。その時、「偉そう」とか「自慢げ」といった雰囲気を醸し出してしまわないように、最後に臭み消しの役割を担って、「よう知らんけど」は登場する。

　他人の悪口や噂話をする時にも、この言葉は便利です。

「あの人な、前に同じマンションに住んでる人妻と不倫してはって、駐車場でチューしてる時に奥さんに見られて大騒ぎだったんやて。……よう知らんけど」

というように、噂や悪口を語るという行為から漂う臭みをも、消してくれるのです。

「よう知らんけど」の便利さは、後付けできるところにあります。「……かも」「……ような」「……たり」「……みたいな」「……らしい」等々、「はっきりと言い切ってませんよ」と主張するための言葉が日本語にはたくさん用意されていますが、その手の言葉を一切使用せず、

「〇〇って、××なんやデ！」

　と思い切り断言しても、

「よう知らんけど」

を最後につければ、安全地帯へすーっと入ることができるのですから。

　最後につけ加えるだけで、「言い切り」という大罪から免れることができる、「よう知らんけど」。誰しも時には意見や自慢や悪口を思うがままに語りたい時はあるわけで、さんざ語ってストレスを発散した後にちょろっと添えれば免罪符と化すこの言葉は、千年の歴史が積み重ねられた結果として編み出されたのでしょう。

アズマの者としては、ぜひ真似したいと思うのですが、あいにくこちら方面には、良い言い回しが存在しません。そのまま言うなら、

「よく知らないけど」

になりましょうが、どうも関東弁では収まりが悪い。関西では、「知らんけど」という短縮バージョンもあって、さらに便利に使用される様子が羨ましくてなりません。

「よう知らんけど」の代わりに、関東人は「私は断言していません」という言い訳用語を、会話文の中にまんべんなく盛り込み続けなくてはなりません。もちろん私もその一人で、思い起こせば小学生の頃から、先生に指されて答える時に、

「あのー、間違ってるかもしれないんですけどー」

というフレーズを多用していました。

絶対に正しいと思っているわけではありません。だから間違っていても許してください。……という予防線を張ってから問いに答えるという手段を、小学生の時分からとっていたのです。

そのフレーズはクラスの中で大流行しており、そのうち先生もイライラしてきたのか、

「いちいちそれ言わなくていいですから。間違えてもいいので、思ったことを言いましょう」

ということに。しかし「間違ってるかもしれないんですけどー」が禁止されてからも、

断言することへの恐怖に耐えかねて、つい口走ってしまう人は後を絶ちませんでした。

大人になってからは、人前で意見を言わねばならぬ機会も、増えてきます。そんな時は、

「間違ってるかもしれないんですけどー」

などと言っていては、大人としての威厳を保つことができないわけで、私もいつも腐心するところなのです。

そんな中で活躍しているのが、

「あくまで個人的な意見なのですが」

というものです。

意見ってそもそも個人的なものだろうよ、などという突っ込みは言いっこナシ。日本人であれば、「この件に関係する全てのデータを読み込んだわけでもなければ、多くの人々の話を聞いて導き出したわけでもない、あくまで私という卑小な人間の頭の片隅で考えた意見なので、間違っている可能性も高いことをお断りした上で言わせていただければ」という意のフレーズであることを、察してほしいところです。

すなわち「あくまで個人的な意見なのですが」は、「間違ってるかもしれないんですけどー」の、大人バージョン。大人になっても「断言の恐怖」から解放されるどころか、むしろ恐怖が強まっていく中で、大人達が「断定を回避し、かつ馬鹿みたいにも聞こえ

ない言い方はないものか」と考えた末に編み出された言い回しなのです。

　こちらが便利なのは、最初に言い忘れても、話の最後に挿入することができるところ。何かを言った後で、

「○○は、××だと思うのです。……あくまで個人的な意見ですが」

と滑り込ませることが可能ということで、汎用性が高いのです。ということは「個人的な意見なのですが」は、「よう知らんけど」の関東バージョンであり、はたまたオフィシャルバージョンと言うことができるのではないか。

「よう知らんけど」はカジュアルな言葉ですので、公の場では口にしづらいものと思われます。が、「個人的な意見」は、その手の場においても使用が可能。真面目な場で発言しなくてはならない方々の間でも、便利に使用されているのでした。

　このような世界で生きていると、

「○○すべきです」

などという言い方は、ほとんど暴力のように聞こえるものです。ですから「べき」という強い言葉を使用する時は、「○○すべきなのではないか」と、疑問形にすることが当たり前。

「○○しろ」

という言い方もあからさますぎるので、「○○した方がいい」に。

そうなると今度は「○○すべきなのではないか」「○○した方がいい」すら刺激的すぎるのでは、という疑念が生じ、

「○○すべきなのではないか、という気がしてくるのです」

とぼかしたり、

「○○した方がいいと言われています」

と他人のせいにしたりと、曖昧化表現をどんどん上乗せせずにはいられなくなってくる。日本人たるもの、どれほど上乗せされようと、曖昧化表現を取っ払って本当の内容を理解することには慣れてはいますが、外国語に訳す時は大変なのではないか。

そんな我々は、「言い切る人」に対する免疫がないために、上手に言い切る人がたまに登場するとすぐについていきがち、という性質を持っているのでした。二〇〇一年に首相となった小泉純一郎氏は、「自民党をぶっ壊す」とか「郵政民営化」といった印象的な言葉を多用し、「ワンフレーズ・ポリティクス」と言われました。ワンフレーズに意見が収まるということは、曖昧化表現を使用していないということ。国民は、ワンフレーズの内容にというよりも、「言い切っている」ということ自体にグッときたのです。

もちろん、ただ言い切れば良いというわけではなく、言う人の資質や言い切る内容は重要です。しかし、

「自民党を、根本的に変えなくてはならない時期が近くなってきているのではないか。

私はそのように考えずにはいられないのです」

ではなく、

「自民党をぶっ壊す」

と言うセンスが、小泉人気を爆発させた。「こんなにはっきりと言い切ることができるということは、自分の意見に自信を持っているのだろう。すなわちこの人が言っていることは、正しいのだ」という思考を、人々にもたらしたのです。

我々は、言い切ることが嫌いなわけではありません。自分が言い切ることは怖いけれど、上手に言い切ってくれる誰かに、うっとりと手を振りたいのです。

コロナ時代となった今、我々は断言してくれる人の登場を、いつになく強く待っています。二〇二〇年の東京都知事選挙では、「コロナは風邪です」というワンフレーズで選挙戦に挑んだ候補者がいましたが、そのフレーズはあまりに説得力がなかったため、人心に響かなかった。しかし、魅力的なフレーズを魅力的な人が言い切ったなら、人々は簡単にそちらになびいていくことでしょう。

上手な言い切り表現に人心が一気に掌握された時、それが吉と出るか凶と出るか。……と考えると恐ろしくて、実は日本の政治家がむにゃむにゃした言い方に終始してくれている方がいいのかも、とも思うのでした。

追記：その後、「知らんけど」は一気にブレイクし、二〇二二年の新語・流行語大賞のトップ10入りを果たす。このフレーズの便利さに日本中が気づいたわけだが、時を同じくするように、言い切り表現を得意とする新興政治家の台頭が、ますます目立つようになっている。

「ウケ」たくて。

「それ、ウケる～」

と、何か面白い話を聞いた時に言い続けて、もうどれほどの年月が経つでしょうか。私の年代でも、ちゃんとした大人は「ウケる」などという軽い言葉は使用しません。が、「ウケる」は我々の若い頃から流通し始めた言葉であり、根が軽薄な私は今でもつい、使用してしまう。「ウケる」は、軽薄言語界における大ベテランなのです。

ネット上においては、「ウケる」的意味合いとして、「草生える」とか「大草原」とか「ワロタ」といった新しい表現が使用されているのであり、「ウケる」の寿命も、あとわずかなのかもしれません。しかし既に我が身に沁みついたこの言葉、私は死ぬまで使い続けるような気がしております。

「ウケる」という言葉が登場する以前の人々は、面白いことを見たり聞いたりした時、ただ笑っていました。笑うという行為によって感情を表現すれば、話は終わっていたのです。

さらに言葉でつけ加えたい時は、

「ああ、おかしい」

とか、

「面白いね」

と言っていたのですが、「おかしい」や「面白い」は、「ウケる」とはどこか違うニュアンスを持っていました。

「面白い」「おかしい」は形容詞であるのに対して、「ウケる」は動詞。誰かの話を聞いて「ウケる〜」と言うと、「あなたの発言は、私を笑わせることができました」との意を相手に伝えることができますが、そこには相手への鼓舞や評価という、より能動的なニュアンスが漂うのです。

「ウケる」の語源ははっきりしないようですが、舞台の上の芸人や俳優が、笑いなり涙なりといったビビッドな反応を客席から「受け」とった、というところから来たという説があります。同時に、舞台上の人々の台詞や演技が、観客に「受け」入れられた、との実感を得ることをも「ウケた」と言うのかもしれません。

「ウケる」という言葉について考える時に私の脳裏に浮かぶのは、優秀なキャッチャーの姿です。良いキャッチャーは、ピッチャーのボールを受ける時に、なるべく良い音が鳴るように捕るのだそう。キャッチャーミットにおけるスイートスポットのような場所

で球を受ければ、

「パシィーン！」

という快音が響き、ピッチャーは気持ちよく投げることができるから、と。

「ウケる」という言葉は、そのキャッチャーミットの快音のようなものではないかと私は思います。面白い話を聞いた時は、爆笑しながら、

「ウケる～！」

と手を叩く。それほど面白くなくとも、「ウケる～」と言っておけば、「あなたの話をちゃんと受け止めてますよ」と伝えることはでき、会話もスムーズに進むものです。

「面白い」「おかしい」という形容詞は、ピッチャーが投げる球を端から眺めている観客の感想のようですが、「ウケる」はより、会話に参加している当事者感を醸し出すことができる。

「ウケる」という言葉が広まる土壌は、一九八〇年代に整ったのではないかと、私は思っています。漫才ブームや「オレたちひょうきん族」というテレビ番組のヒットなどによって、ビートたけしや明石家さんま等、当時の若手お笑い芸人達がスターとなっていった八〇年代。それ以前のお笑いの世界は、ねっとりした玄人感の強い印象でしたが、八〇年代以降には、一気にカジュアルな世界となったのです。

お笑いが、特殊な世界の玄人による芸能だった時代、観客と芸人の間には、明確な一

線が引かれていました。漫才をする芸人と、漫才を見て笑う客は、それぞれ別の世界にいたのです。

　しかしお笑いの世界のねっとり感が希釈され、一般人の延長線上の世界となった時、観客はただ笑うだけではなく、自分もお笑いの世界に能動的に「噛む」ことができるのでは、と思うようになりました。芸人と客、すなわち玄人と素人の距離はぐっと近づき、素人達の中に、「ウケ」を芸人に与えるか否かは自分達次第、という参加意識が発生したのです。このキャッチャー的な感覚の芽生えによるお笑いに対する意識の変革が、「ウケる」という言葉が広まった背景にはあるのではないか。

　お笑いが身近なものになると、一般人の会話においても、発言が「ウケる」か否かが評価されるようになり、「ウケを取る」ことの価値は高まりました。お笑い先進国である関西では、昔からその手の感覚はあったのでしょうが、関東では明らかに八〇年代以降、「他人を笑わせることができる人」の地位は、上昇したのです。

　クラスの中でも、笑いを取ることができる人は人気者となりました。人気者が面白いことを言うと、周囲の人はピッチャーをのせるキャッチャーのように、そして餅つきのつき手を鼓舞するこね手のように、

「ウケる～」

と言い、さらなる笑いを求めたのです。

以降、お笑いや若者の世界においてだけでなく、あらゆる人気商売において、ウケを取ることができるか否かは、重要な問題になってきました。かつては何もわからないふりをしていればよかったアイドルの世界でも、面白い話をすることができる人が、人気者になるように。

そんな中で政治家もまた、ウケとは無縁でいられなくなります。政治家の場合は、笑いを取るという意味での「ウケ」というよりも、有権者に、自身の話を「受け」入れてもらうという意味での「ウケ」が大切。政治的な手腕を発揮するだけでは、大衆の人気を得ることはできないとの認識が深まったのでしょう。

しかし政治家にとってウケ狙いは、危険な行為。それというのも政治家の失言のほとんどは、ウケを取るために言ったはいいけれど目測を誤った結果、のような気がするからなのです。

お笑い芸人は、ウケが取れないことを「滑る」と表現します。滑って転ぶことによって、彼らは精神的な痛みを感じることになる。

対して政治家がウケを取ることに失敗すると、「滑る」どころでは収まらなくなります。ウケを狙ってギリギリの一線を越えた発言をすると、

「は?」

と思った人々は、「受け」ずに「引く」。ミュージシャンがライブにおいて観客の中に

ダイブしたら、出エジプト時のモーセ並みに波が引いて地面に落ちました、的な結果になるのです。

政治家の発言はまた、「言う場所を間違える」ことによっても、失言化します。私がこの文章を書いている時点では、森喜朗氏による、

「女性がたくさん入っている会議は時間がかかる」

との発言が世界的にホットな話題となっていますが、男だけの飲み会の席であれば、

「……ったく、会議で女が多いと時間がかかってしょうがねぇよ」

「アッハッハ、本当ですよね森さん」

「会議のメンバーに女を入れろってうるさいけど、こっちの迷惑も考えろって」

「アッハッハ、本当ですよね森さん」

と、話を「受け」入れてもらうことのみならず、笑いを取ることもできたのでしょう。差別的な話題は、プライベートな場ではぶっちゃけトークとして喜ばれたりもするのですから。

もちろん森氏は、差別は悪だと知っていましょうが、プライベートな場における「ウケ」は、「差別はいけない」との事実を忘れさせます。女性差別は悪いことだが、「女は話が長い」と言うとウケるので、それは単なる事実であって差別ではない、と思ってしまうのではないか。

しかし私的な場での差別ネタは、「ここだけの話」だからこそウケるのです。同好の士を集めて大声で言うことができない話をすれば背徳的な笑いが生まれるのであり、それは密造酒が美味しく感じられ、不倫が蜜の味であるのと同じこと。

私的な場でウケた話を公的な場でもしてしまった時に、政治家は失言という落とし穴にはまります。さすがに国会でその手の話はできないにしても、会合でのスピーチ等、少しばかりカジュアルな場面でつい、「堅苦しくない話もできる自分」「皆が口に出せないようなことも言える自分」をアピールすべく、本音ポロリトークを披露してしまう。

森氏が「女は競争意識が強い」「女の話は長い」と言った時も、「この話はウケるに違いない」という気持ちがあったことでしょう。後に失言と判断されることになる話をしている時の政治家達は皆、「私は今、面白い話をしているんですけどね」という得意げな表情をしているのが常。

森氏は、身内であるメンズクラブの仲間達からは笑いという「ウケ」を期待し、女性の聴き手には「女は、女だというだけで委員になっているのだから、女の委員は色物としての立場をわきまえて、発言を短く切り上げよ」との大物からのアドバイスを「受け」入れさせるべく、件《くだん》の発言をしたのだと思われます。が、仲間達からの「ウケ」は得られたかもしれないけれど、森氏のアドバイスを「受け」入れる人はいなかった。

森氏ほどのベテランの政治家が、公私の別がつかないものだろうか。……という疑問が、ここでは浮かびます。同時に、「もうお年だから、公の場で言っていいことと悪いことの判断がつかなくなってしまったのだろう」との思いも脳裏に浮かぶ。

しかしここで、

「おじいさんだから、差別的なのだ」

と言ってしまうと、それはエイジズム、すなわち年齢差別になります。森氏と同じ年頃であっても、差別意識を持っていない人はたくさんいるのであって、差別的な発言をする理由は、あくまで発言者個人の資質によるところ。

森氏については、「もうお年だから云々」と、多くの人が語っていることでしょう。しかしそれは限られた場でコソコソ話すだけに留めておかなくてはならない差別発言であることを、たいていの人は理解しています。「女だから○○」「男って××」という発言についても同じであるからこそ、その手の発言は今、公の場では語られず、水面下に潜っているのです。

森氏の発言に世間があんぐりしたのは、彼が持っている差別的な精神に対してだけではありません。「たとえ差別心を持っていたとしても、それを公の場では口にしないのが最低限のマナー」という認識を持っていない、ということにも、驚愕したのです。

ちなみに森氏は、昭和十二年（一九三七）生まれ。「産む機械」発言で一気にその名が広まった柳澤伯夫《はくお》氏（昭和十年・一九三五年生）、数々の差別発言でおなじみの石原慎太郎氏（昭和七年・一九三二年生）のように、女性についての失言で名高い人々の顔ぶれを見ると、その辺りに生まれた層が目立つことは確かです。

「集団レイプする人は、まだ元気があるからいい」

の太田誠一氏は、昭和二十年（一九四五）生まれ。

「子供を産まないと、人様のお金で老人ホームに行くことになる」（大意）

の加藤寛治《かんじ》氏は、昭和二十一年（一九四六）生まれということで、アラウンド団塊世代もまた失言ポロリが目につきますが、

「だからこの世代は……」

などと言うと、やはり世代差別になる。そしてもちろん、

「この手の発言をするのって、自民党系の人ばかりですよね」

と言うと、思想差別になりましょう。保守的思想を持つ人の中にも、男と女が同じ人間だと知っている人はいますし、革新的思想を持つ人の中にも差別的な考えを持つ人はいるのです。

政治家の失言事件を見る度に私は、「自分も気をつけなくては」と、自戒の念を抱くのでした。物書き業もまた、政治家やお笑い芸人と同様に、言葉によって「ウケ」やら「受け」やらを取ることを日々、目論む仕事。私も「ウケてやろう」というスケベ心から、ギリギリの線を狙いがちです。

しかし文章の世界には、そんなスケベ心の監視役が存在します。編集者や校正者は、言葉や事実関係の間違いを指摘する他にも、差別的な内容については、

「この文章はまずい」

とチェックしてくださるのでした。

政治家も、国会答弁の原稿などは他人の手が多々入りましょうが、やはり会合などでのスピーチなどの機会が危ない。スピーチだからこそ、つい目の前にいる人々にウケたくなって、自制が利かなくなってしまうのではないか。

話している時にウケを狙うというのは、実に危険な行為です。文章であれば世に出る前に書き直すことができますが、いったん口から出た言葉は、いくら「撤回します」と言っても、消えることはない。思い返せば自分も、「ウケたい」と思って口にした言葉が正直すぎたり下品すぎたりして舌禍《ぜっか》事件となったことが多々ありましたっけ。

ウケを取ることができる人の地位が高まり、ウケることの快感が強まっているからこそ、人はウケを得るべくチャレンジするようになりました。が、失敗の代償は、取り返しがつかないほどに大きいのです。

舌禍事件も起こさず、常に面白いことを言うことができる芸人さんが人気者となるのは、そう考えると当然のこと。芸人さん達はどれほどカジュアルな雰囲気をまとっていてもやはり、根は玄人。素人は下手にウケなど狙おうとせず、

「ウケる～」

と、いい感じの合いの手を入れることに専念した方がいいのかもね、と思います。

「You」に胸キュン

ＹｏｕＴｕｂｅで一九八〇年代のナツメロを流しながら単純作業に勤《いそ》しんでいた、ある時の私。聴きながら思ったのは、その時代と今とでは、ラブソングにおける二人称がずいぶん違うということでした。

それは、男性歌手の歌において顕著な現象です。私がティーンであったその時代に人気だった男性歌手達はしばしば、歌の中で女性のことを「おまえ」と呼んでいるのです。沢田研二、世良公則《せらまさのり》&ツイスト、チェッカーズにサザンオールスターズといったロック系の人達は、芸風からして「おまえ」と言いがち。フォーク、ニューミュージック系の松山千春、さだまさしも「おまえ」と歌う。のみならず、ジャニーズの田原俊彦も近藤真彦も少年隊も、「おまえ」に躊躇《ちゆうちょ》しません。

しかし「おまえ」って久しぶりに聞く言葉だなぁ。……と、私はそれらの歌を聴きながら思っていました。「おまえ」は死語ではありませんが、今耳にするとしたら、体育会的な集団においてとか、学生時代からの気のおけない男同士が集まった現場くらいではないか。

しかし八〇年代、「おまえ」は恋愛の場面で使用されていました。歌における「おまえ」の頻出ぶりを見ると、「おまえ」と呼ばれたがっていた女性が、かなりのボリュームで存在していたようなのです。

今、男が女のことを「おまえ」と呼ぶラブソングは、成立しづらいことでしょう。現代において「おまえ」は、自分よりも下位もしくは同等の相手に対して使用される言葉であり、乱暴かつ雑な響きを持っています。今、女を「おまえ」と呼ぶことができるのは、男が主で女が従という感覚が残る演歌の世界くらいであり、米津玄師《よねづけんし》やヒゲダンやＧＲｅｅｅｅＮの歌の中で「おまえ」が使用されたら、かなりの違和感があるのではないか。

世良公則&ツイストの「あんたのバラード」という歌では、さらに興味深い二人称を採集しました。この歌では、恋に破れた女が男に語りかけているのですが、歌のタイトルにもあるように、女は男に「あんた」と呼びかけているのです。

「あんた」というのも聞かなくなった言葉であることよ、と思った私。「あなた」の蓮《はす》っ葉《ぱ》バージョンでありカジュアルバージョンである「あんた」は、方言などで使用される地はあれど、歌詞の世界で見ることはとんとなくなっています。

「あんた」

「おまえ」

と呼び合うカップルとはきっと、ハクいスケとヤンキー。その昭和のかほりが懐かしくて、鼻の奥がつんとしてきます。

「おまえ」が多出する昭和の歌謡曲からは、この時代の男と女の関係性が伝わってきます。「おまえ」ソングを歌っているのは、女性ファンにキャーキャー言われる人気者達。「おまえ」ソングの担い手は、男臭くマッチョなキャラクター、もしくはそのようなキャラクターを演出したい男性達だったのです。

一方で、お洒落で都会的なシティポップ系の歌手達は、「おまえ」を使用しませんでした。山下達郎も佐野元春も稲垣潤一も杉山清貴も、歌の中で女性を呼ぶ二人称は「君」や「あなた」。シティポップではありませんが、時代の先端を突っ走っていたイエロー・マジック・オーケストラにしても「君に、胸キュン。」であり、「おまえに、胸キュン。」ではなかったのです。

泥臭く男臭い歌手は「おまえ」ソングを歌い、無臭で都会的な男達が歌ったのは、「君」ソング。「君」ソングの中で男性は女性を優しく、丁寧に扱ったのであり、決して「おまえ」とは言わないし、女も男を「あんた」とは言わない。そういった関係性を好む女性も当然ながら存在しましたし、私もそちら側にいました。

女性達の好みの幅に合わせて、男性歌手による歌の二人称にも幅があったこの時代。

しかし、男性に「おまえ」と言われるとキュンとなるという心理は、今を生きる若者にはわかりづらいところかと思います。男性からただ優しくされるよりも、少々乱暴に扱われることによって、「私をそんな風に扱うということは、私には素の自分を見せているということ、つまり私に特別な感情を持っているということなのね」という感覚を得ることができる女性が、当時は存在したのです。

その感覚の根っこはさらなる過去につながっていると、私は思っています。たとえば一九七九年に出た沢田研二の「カサブランカ・ダンディ」という曲は、男が女の頰をはりたおすという暴力行為が、冒頭から歌われています。このような曲がリリースされ、ヒットしたということは、女を乱暴に扱うことはさほどの罪ではないと思われていたことを示しましょう。「女を乱暴に扱う」という男性の性質が、当時の一部の女性にはセックスアピールとなっていたことも、理解できます。

さらに時代を遡って一九五〇〜六〇年代頃のメディアを見ると、夫から妻への暴力、今で言うところのＤＶは、かなり当たり前に行われていたようです。夫が妻を殴ることは「しつけ」。妻をしつけるのは夫の役割であり、暴力もやむを得ないという感覚がありました。新聞の身の上相談に、夫の暴力に悩む妻が相談を寄せても、

「耐えましょう」

という回答だったりするのです。

そのような状況の中では、夫からの暴力は愛情の発露だ、という言説が登場し、妻もそれを信じるようになります。ほとんど共依存の関係になってくると、しまいには夫から殴られないことを不満に思うケースも出てきました。かつては殴られていたのにその暴力が止まると、

「あなた、どうしてもっとぶってくださらないの！」

などと訴える妻もいたのです。

夫からの暴力に愛情を感じる当時の妻の姿には驚きを感じますが、しかし「ひどい時代だったのだなぁ」「昔の人は遅れている」と、過去の人差別をするべきではありません。八〇年代を思い返せば、私は入学したての大学の先輩から、

「おまえ」

と言われた時に、ドキリとしたのではなかったか。それは、「おまえ呼ばわりするとはけしからん」という感情ではありませんでした。シティポップ派（笑）の私であったはずなのに、「おまえ」と言われたことが少し、しかしはっきりと、嬉しかったのです。

ヤワな環境で育った私は、それまで親兄弟からも「おまえ」と言われたことがありませんでした。シティポップ的（笑）な生ぬるい環境にいたのが、初めて「おまえ」と呼ばれて、「強い男から、女として見られた」ような気分に。

私はこの時、「卑小なもの」として見られることに興奮したものと思われます。そし

てこの感覚は、

「あなた、どうしてもっとぶってくださらないの！」

と夫に訴えた妻達と、確実につながってはいまいか。「おまえ」ソングに発情した私世代は、夫から殴られる痛みを愛情と思わざるを得なかった女達の、いわば〝チルドレン〟なのです。

今、男から乱暴に、そして粗雑に扱われると愛情を感じるという性癖が日本女性から薄れたのは、喜ばしいことです。若者達が「カサブランカ・ダンディ」や「おまえ」ソングの数々を聴いたならば、「ひどい時代だったのだなぁ」「昔の人は遅れている」と思うことでしょう。

しかし、

「デートで奢ってもらおうだなんて、考えたこともありません！」

と言う世代の女性もまた、「おまえ」に発情する世代の〝チルドレン〟なのでした。殴られることを愛情だと思ったり、「おまえ」と言われて発情したりした女性達のことは忘れずに、後戻りだけはしてほしくないものだと、「おまえ」世代としては思うところ。

では、今時のラブソングではどのような二人称が使用されているかと見てみると、「君」「あなた」といったところが多いようです。どちらも男女ともに使用することができる、ユニセックスな二人称。上に見るも下に見るもなければ年齢も問わない、汎用性の高い言葉です。

　しかし、「君」にしろ「あなた」にしろ、口語としてはさほど使用される言葉ではありません。他人に対して、会話の中で「君」「あなた」と言う人は、少ないのではないか。

　心象風景を言葉に落とし込んだ歌詞は、声に出して表現されはするものの、口語ではなく文語です。「君」「あなた」も文語なのであり、ラブソングの歌詞そのままに恋人に語りかけたなら、芝居がかってしまうことでしょう。

　昭和時代、「君」「あなた」は、口語としても使用される言葉でした。会社の偉い人が部下に対して、

「君ィ、遅刻はいかんよ」

　と言ったり、夫が妻に、

「君の今日の予定は？」

　などと言っていたのであり、「君」には上から下、とのニュアンスがあった。

　対して妻は夫に、

「あなた、お食事とお風呂、どちらが先？」

　という感じ。結婚する前は恋人のことを「あなた」と呼んでいた男性が、結婚後は

「おまえ」と呼び始めるということもあり、「あなた」は下から上への言葉というニュアンスがあったようです。

しかしその後、「あなた」の語感には変化が生じたようで、夫のことを「あなた」と呼ぶ妻は絶滅危惧種となりました。今は会話の中で「あなた」と言うと、やや「上から」感を醸し出すきらいがあるのです。

たとえば友達に、

「どうなのあなた、最近は元気？」

などと言ったならば、確かに少し何様《なにさま》感が出てしまうもの。たとえ語尾を丁寧にしたとしても、目上の人を「あなた」とは呼びづらいものですし、もちろん「君」も無理。目上の人でなくとも、友人や恋人に対して「あなた」「君」と言うことも、難しいのではないか。

最近のラブソングにおいて「君」「あなた」がどれほど使用されても、生活の中に「君」「あなた」は存在しない。

……そんなことを考えると、私は日本語における「Ｙｏｕ」の不在を痛感します。高村智恵子《たかむらちえこ》は「東京に空が無い」と嘆いたそうですが、私はいつも、「日本語にＹｏｕが無い」ことに頭を抱えているのです。英語における「Ｙｏｕ」でも中国語における「你」でもいいのですが、とにかく誰に対しても何も考えずに語りかけることができる万能な二人称が、日本語には存在しない、と。

文語では便利な「君」「あなた」も、口語で使用すると、少し偉そう。「おまえ」は前述のように上からの言葉ですし、「あんた」はスケバンみたいだし、「そなた」では時代劇、「貴様」は漢字には敬意がこもっているようでも響きは乱暴で、今にも制裁されそう……。

日本には山のように二人称があるけれど、どれも相手が自分より上か下かを判断した上で、シーンに合わせて使用しなくてはなりません。人の序列をはっきりしなくては全てのコミュニケーションが動きださない儒教の影響が残っているからこそ、「Ｙｏｕ」的な言葉は口語として発生しなかったのではないか。

Ｙｏｕ無き日本において、私達が他者をどう呼んでいるかといえば、多くの場合は名前が使用されています。しかしここでも、「さん」づけか「ちゃん」づけか呼び捨てか……等、相手と自分の関係によって呼び方は様々に変化し、瞬時に考えて選択しなくてはならないのです。

人の名前を覚えることが得意ではない私は、「顔は知っているが名前が出てこない」という相手と話さなくてはならない時、特に激しく「Ｙｏｕ」を欲するのでした。相手の名を呼ばなくてもいいように懸命に会話を組み立てつつ、ああ日本語に「Ｙｏｕ」が存在したならばこんな苦悩から解放されるだろうに、と思う。

我々はまた、膨大な種類の一人称も持っていますが、こちらはそれほど困惑することはありません。「おいら」「あたい」でウケを狙うこともできますが、男女ともに「わたし」と言っておけば、たいていの場をやり過ごすことはできるのですから。

しかし二人称となると、相手と自分との位置関係を瞬時にチェックせざるを得ません。長い歴史の中でどうしても「Ｙｏｕ」的な言葉を生み出すことができなかった部分に、日本社会のあり方が表れていましょう。

故ジャニー喜多川氏は、

「Ｙｏｕ、やっちゃいなよ」

などと言っていたそうですが、その気持ちがわかる気がする私。アメリカで育った喜多川氏は、日本語における「Ｙｏｕ」の不在に困惑して、英語の「Ｙｏｕ」をそのまま、日本語の中に移植したのではないでしょうか。

いっそ、「Ｙｏｕ」を日本語と認めてはくれないものかと思う私。そうすれば、見知らぬ人とも、

「Ｙｏｕのお名前は？」

などと会話することができますし、久しぶりに会った人の名前が思い出せなくても、

「Ｙｏｕ、元気？」

と言うことができる。相手が大勢であっても、

「Ｙｏｕ、元気？」

のままで事足りるのもまた、便利なところです。

男女の関係においても、「Ｙｏｕ」がそもそも日本に存在していれば、「おまえ」に発情しなくても済んだのかもしれません。「Ｙｏｕ」なき国に生まれた不運を嘆きつつ、私はこれからも延々と、「Ｙｏｕ」の代替語を探しながら生きていくしかないのでしょう。

「ハラスメント」という黒船

ＹｏｕＴｕｂｅで「おまえ」ソングについ夢中になった、という話を前章で書きましたが、その流れで沢田研二の歌を芋づる式に聴いていたところ、昔の紅白歌合戦の映像に出会いました。

それは、昭和四十九年（一九七四）の年末の、第二十五回紅白歌合戦。沢田研二は、「追憶」という歌（ちなみにこちらも「おまえ」ソング）を熱唱しました。歌いながら手から白鳩を出す、という演出が斬新なのですが、私がこの映像で注目したのは鳩ではなく、沢田研二を紹介する時の、司会の男性アナウンサーの言葉でした。

この時、ジュリーの前に歌ったのは、紅組の由紀さおり。歌い終わったロングドレス姿の由紀さおりを、司会者（白組司会者だとしたら、山川静夫アナウンサー）は、

「由紀さんのドレスも長々と裾を引いていますが、今年なんといっても残念なのは、ミニからロングになってしまったことですね」

と送り出してから、ジュリーを紹介していたのです。

令和の世でこのフレーズを聞いた私は、「おお……！」という感慨を覚えました。これこれ、これが昭和なんだよね……という、古傷が痛む時の懐かしさのようなものが、胸に去来したのです。

由紀さおりはおそらく、前年の紅白に出場した時、ミニスカートをはいていたのでしょう。アナウンサーはそのことを覚えていたから、「今年の衣装は長いスカートなので、美しい脚を見ることができず残念である」という気持ちを、ちょっとしたサービス精神と共に表現した。

聞き分けのない女をはりたおすという沢田研二の歌が今では成立しないのと同様に、「今年はスカートが長くなってしまって残念」と、NHKアナウンサーが紅白において女性歌手を評するというのも、今ではありえないことです。それは、都はるみを「ミソラ」と言い間違える（意味がわからない方は、親御さんに聞いてみてください）よりもずっと危険な、セクハラ発言となるのですから。

しかし当時、「セクハラ」という言葉も概念も、日本に存在しませんでした。ですからその言葉については由紀さおりも、そして視聴者も、由紀さおりに対する褒め言葉として認識したはず。

NHKアナウンサーが、紅白歌合戦という一年を締めくくる番組で、女性のスカートの丈について言及しても何ら問題にならなかった、この時代。他の歌番組で、男性司会者が若い女性歌手にボディタッチしてキャーキャー言わせたりすることも、珍しくありませんでした。その手のいにしえのセクハラ行為を本気で採集したならば、貯蔵庫はすぐにいっぱいになることでしょう。

日本においてセクハラという言葉が人口に膾炙《かいしゃ》したのは、一九八九年です。昭和から平成になったこの年、日本で初めてセクハラを争点とした訴訟が福岡で発生。「セクシャル・ハラスメント」は新語・流行語大賞の新語部門・金賞にもなったのであり、平成元年はセクハラ元年でもあったのです。

「セクシャル・ハラスメント」はもともと、アメリカのフェミニスト達によって見出された概念であり、言葉でした。日本でも、一部女性誌で一九八〇年頃に「性的いやがらせ」として紹介されましたが、さほど広まらずにいたところ、約十年後にようやく火がついたのです。

「セクハラ」は、日本社会において黒船的な役割を果たした言葉です。その言葉が知られるようになって、日本男児達は、

「会社で女子社員の尻を触っちゃいけないのか！」

ということを知り、また大和撫子《やまとなでしこ》は、

「会社で尻を触られたら、嫌がってもいいのか！」

と気づいたのです。

この概念は、「セクシャル・ハラスメント」が「セクハラ」と略されたことによって、一気にポピュラー化しました。言葉を略すことを嫌う人は多く、確かに「キャバクラ」とか「イケメン」といった言葉は軽く聞こえるもの。しかしことセクシャル・ハラスメントについては、「セクハラ」という駄菓子感漂う略語になったからこそ、幅広い人々に届きました。「性的いやがらせ」や「セクシャル・ハラスメント」のままであったら、電車の中でスポーツ新聞のエロ面を広げるおじさんや、飲み会で女子社員にチークダンスを迫るおじさんにはスルーされたことでしょう。

「セクハラ」という言葉が広まることによって、その後「ハラスメント」は、パワハラ、マタハラ等と様々な活用がされるようになりました。他人から不当で不快な目に遭わされたなら、「○○ハラ」と命名することによって「NO」の声をあげやすくなったのであり、「ハラ」語群は日本社会を大きく変えたのです。

上手な名前がつけられることによって光が当たる社会問題は、たくさんあります。「DV」「ひきこもり」「老老介護」等、印象的な命名がなされると、その問題が浮上して、当事者の声が表に出たり、解決への歩みが進むことがあるのです。

「オレオレ詐欺」についても、私は当初「いいネーミングだ」と思いましたが、様々な詐欺のパターンが出てくることによって「オレオレ」だけではカバーしきれないということで名前が迷走。とうとう「母さん助けて詐欺」というところまで行きましたが、当然ながら定着しませんでした。今は「特殊詐欺」と言われているようですが、結局「オレオレ」を超えるインパクトを持つ名前はないのではないか。

反対に言うと、名付けがなされなかったり、名付けセンスが今ひとつという問題は、なかなか注目されません。私はかねて、母親側の連れ子を、その再婚相手なり交際相手なりが虐待したり死に至らせたりする犯罪に心を痛める者ですが、そういったケースが多いにもかかわらず、上手な名付けがなされていません。結果、その手の事件は繰り返され、またその背景にあるシングルマザーのつらい状況なども、深刻な社会問題として浮上しにくくなっているのではないか。

その点、性的いやがらせは「セクハラ」というポップな名を手に入れることができました。話題にしやすく、

「それ、セクハラですよ！」

と誰もが言いやすい名コピーであると言えましょう。

この言葉の捉え方は、世代によって大きく異なるように思います。平成元年でもあるセクハラ元年以降に生まれた若者達は、生まれた時から「○○ハラ」という言葉と共に育ちました。嫌なことがあったら、

「それ、○○ハラですよ！」

と声をあげれば周囲は味方をしてくれるという感覚を、最初から持っている。「○○

ハラ」は、その手の人々にとっては、存在していて当たり前の言葉なのです。

対して、セクハラ元年時点で物心がしっかりついていた人々の中には、セクハラに対しても、他のなんとかハラに対しても、いつまでたっても流行語であるかのような感覚をどこかで持っている人がいます。「セクハラ」は既に「広辞苑」にも載っているというのに、そんな人達は、「ハラ」語はブームとして使用されていて、そのブームはやがて沈静化すると思っているきらいがある。

セクハラ元年以前の人々と以降の人々ではそのような感覚の違いがあり、そのギャップがさらなるハラスメントを呼んでいます。が、セクハラ元年以降に生まれた人々は、ハラスメントに遭ったなら抗議をするのが当たり前の、いわばセクハラネイティブ。職場においても、セクハラ相談室的な部署が置かれる等、環境が整備されたこともあり、セクハラネイティブ達は何かあるとすぐに訴え出ることを躊躇しません。

対して訴えを聞く側は、セクハラ元年より前に生まれた、どころかセクハラ元年には既に入社していた人だったりする、セクハラ非ネイティブなのでした。彼／彼女は、訴えを聞いて、

「そうか、今は『Aさんがしょっちゅう私のことを見ていて気持ち悪い』みたいなこともセクハラなのか」

と気づかされ、「それって気にしすぎなんじゃないの？」というセクハラの上塗りと

なる言葉をグッと呑み込んだりするのです。

セクハラネイティブ達が怒りの感情を向ける相手は、セクハラ加害者だけではありません。いつまでもセクハラを「ちょっとしたおふざけ」と思っていたり、それを容認したりするおじさんやおばさんにももちろん怒りを向ける一方、お金のためには二酸化炭素を排出しまくる大人やら、LGBTQが生きにくい世の中やらに対しても、ネイティブ達は生き生きと怒っているのでした。それも、おしゃれに知的に怒っているので、怒らない方がダサいという感じで、世の中に怒りのムーブメントが起こっているのです。

対して人生の中途でハラスメントを知った人は、そんなムーブメントに乗りそびれています。なにせその世代の人は、女性歌手のスカートがミニからロングになったことを嘆くNHKアナウンサーと共に年末を過ごした世代。むしろ、そのような発言に対して「NHKアナウンサーにしては、気の利いたことを言うじゃないか」くらいの感覚を持ったかもしれない。

そんな今の雰囲気は、何かと似ている。……と考えたら、全共闘等による学生運動が盛んであった、一九六〇年代末期の雰囲気と重なる部分があるのではないか、という気がしてきました。

私はその頃、既にこの世に生を受けていたもののまだ幼児だったため、残念ながら学生運動についての記憶がありません。しかしその頃の若者は、とにかく怒っていたようです。日米安保条約やベトナム戦争等の政治問題に対してのみならず、大人達が作った既成の概念や制度に対して反発し、破壊しようとしていた。

全共闘世代と言われる人々は、団塊の世代と重なります。怒れる若者達は、第二次世界大戦が終わってから生まれた、完全なる戦後世代なのです。

一九六〇年代末、戦争を知っている人々であれば、旧世代による支配体制に対して不満はあっても、どこかで「仕方がないところもあるよね……」と思ったことでしょう。対して戦争を全く知らない若い人々は、「仕方がない」とは思わなかった。戦争の軛《くびき》から離れたところで、「我々の怒りの力で世を変えなくては」と、行動に出たのです。

生まれた時から「セクハラ」という戦うための言葉が身近にあった世代が、堂々と怒ることによって世を変えようとしている、今の時代。それは、戦争を知らずに育った世代が、怒りのパワーを炸裂させていた一九六〇年代末と似た流れに、私には見えるのです。

怒りのうねりが海外と連動しているところも、六〇年代末と今とは共通しています。日本で学生運動が盛んだった頃、アメリカではベトナム反戦運動やヒッピームーブメントが、フランスでは五月革命が発生していました。戦争を知らない世代が戦争を知る世代に反発するという動きが、世界的に広まっていたのです。

昨今では、アメリカ発の＃ＭｅＴｏｏ運動や韓国でのフェミニズムの高まりが、日本でも大きな刺激となりました。環境活動家のグレタさんの激怒姿も、世界的に大きなインパクトを与え、日本でも特に同世代の人達に影響を与えている模様。

女性が男性や社会に対して、自分達の権利を主張するという動きは、今までも何度となく盛り上がりを見せてきました。そういった動きのおかげで、女性達は様々な権利を得られたのです。とはいえさらなる力を女性が持とうとすると、結局は男性から抑えつけられて盛り上がりが沈静化するというのも、いつものパターン。

六〇年代末の世界的なうねりの中では、アメリカ発のウーマンリブの動きも、世界に広がりました。日本でもウーマンリブは盛り上がり、怒れる女性達が活躍しましたが、しかしウーマンリブの動きは男性達からしばしば、「モテないブスのヒステリー」などと言われます。男から求められることが女の幸せであり、そういう意味で不幸な女が、男に楯突くのだ。……と、揶揄されたのです。

今も、女性差別に対して怒りをあらわにする女性達を揶揄する言葉が無くなったわけではありません。しかしウーマンリブの時代と比べると、少なくともおおっぴらな揶揄は、しにくくなりました。

「モテないブスのヒステリー」

などと言おうものなら、一発退場。ここにきて女性達はやっと、怒る権利を手に入れたのです。

女性のみならず、自身の権利を求めて怒りの声をあげる人が揶揄や妨害をされにくくなった背景にも、「セクハラ」という言葉の力があるように思います。ハラ語の普及により、「ハラスメントは罪」との認識は深まり、自身の発言や行動に注意する人は増えました。女の怒りをヒステリー扱いすることによって、「怒る」という手段を奪うことも、できなくなったのです。

セクハラ元年が平成元年、すなわち一九八九年であったにもかかわらず、女性が当たり前に怒ることができるようになるまでには、三十年もの時間がかかっています。その三十年の間にセクハラネイティブ世代が育ち、また誰しも怒ることができる土壌が少しずつ整った、ということなのでしょう。

セクハラ元年よりずっと前に生まれたセクハラ中途開眼者の多くは、セクハラという言葉が登場した後も、ついわきまえたり空気を読んだりして、言葉の力を生かしきれずにいました。しかしネイティブ達が自然に怒りの声をあげることによって、非ネイティブもまた、おそるおそる怒りの声をあげることができるようになってきたのです。

とはいえ怒り慣れていないセクハラ非ネイティブの人々は、今時の怒れる若者達からは、「怒っていない」ということを怒られたりもするのでした。怒っていない人に対して、

「なぜ怒らないのだ」

「反省が足りない」

と怒る、というのは内ゲバとか総括とかのかほりが漂う行為ではありますが、しかし今時の怒れる人々は、決してそのように極端な方向には行かないことでしょう。セクハラネイティブの人々は、ネットネイティブでもあります。内ゲバに走らずとも、そして機動隊に投石せずとも、ネットの中で冷静に怒りの気持ちを広げていくことができるのですから。

六〇年代末からの怒りのムーブメントは、あまりに熱くなりすぎて燃え尽き、その後にシラケ世代を生みましたが、昨今の怒りのムーブメントは、その点にも注意を払っているようです。あまりに気持ちをたぎらせすぎて燃え尽きないようにと、〝持続可能な怒り〟を追求しているように思われるのであり、クールな怒りの結実は、そう遠くない未来に見えてくるように思うのでした。

「言葉狩り」の獲物と狩人

たまに、ラジオ番組に出演することがあります。それも生放送という時、私は、

「どうか失言しませんように」

と、天に祈るのでした。

もともと話すことが苦手なので、文章を書く道に来た私。口数が少ない上に、たまに口を開けば、つい思っていることをそのまま言って場を凍りつかせることも、若い頃はしばしばありました。

「どうやらこの世では、思ったことをそのまま言ってはいけないらしい」ということに気づいたのは、だいぶ年をとってからのこと。言いたいことを言う時は可能な限り婉曲な表現を使用し、婉曲不可能な時は黙っているのが常識人だということがわかった時、私は既にいい年の大人になっていたのです。

世では、「ありのままに」かつ「自分らしく」生きることが大切だとされていますが、私が「ありのままに」「自分らしく」発言などしてしまったら、舌禍に次ぐ舌禍となる

ことは確実です。そんな事態を避けるべく性格に厚化粧を施してみても、塗った端から化粧が剝がれることも自覚している私にとってラジオの生放送は、ですからかなり危険なプレイなのでした。

それがNHKである時は、さらに緊張を強いられます。その昔、NHKの番組において、山口百恵さんの「プレイバックPart2」が歌われた時、「真紅《まっか》なポルシェ」という歌詞が「真紅な車」に変えられたというエピソードは有名な話。そこで「NHKでは、商品名やブランド名を言ってはいけないらしい」と知られるようになりました。

ではNHKの番組に出演する時、

「その手の単語は、言わないでくださいね」

と事前に説明されるのかというと、そうではありません。おそらくは先方も「わざわざ言わなくても、わかって……ますよね？」ということで口にしないのでしょうし、こちらも「まあ、そういうことですよね」と、互いに忖度《そんたく》し合っている。

商品名を言ってはいけないといった決まりの他にも、NHKではそれなりの品位が求められることだろう、とさらなる忖度をすれば緊張は高まり、文章と違って修正の利かない生放送に身がすくむのでした。

テレビやラジオを見聞きしていると、出演している人々はいかにも普段通りの会話をしているように聞こえるものです。もちろん元々が上品な善人なので、ありのままで話しても全く心配ない人もいましょうが、ほとんどの人は「ありのまま」ではないのではないか。すなわち、普段は黒いことも下品なことも話しているけれど、業務としての「喋り」では、その部分をきっちり抑えているのです。

それはまさに、喋りのプロの技。プロだからこそ、放送コードぎりぎりのところまで歩み寄りつつも決して踏み越えることはせず、いかにも普段通りに話しているようにして笑いをとったり、それどころか好感度を高めたりすることができるのです。

しかし昨今は、そんなプロの技を持っている人々も、困惑する様子が見られるのでした。放送において口にすると問題になる言葉や内容がここ数年でグッと増えてきて、新たな線引きをしなくてはならなくなってきたのです。

放送で言うべきではない言葉といえば、差別的な言葉や卑猥な言葉等が思い浮かびます。特に、「差別的」とされる内容は昔と今とではかなり異なり、その範囲が広がってきているのです。

差別とみなされる範囲が広がり、細分化されることによって、あるカテゴリーに他人を押し込めるような発言も避けるべき、という意識も広まってきました。たとえば、

「男のくせに泣くな」

とか、

「女なんだから料理くらいできないと」

といったことを放送で言うことは、今ではご法度でしょう。

実社会において、そのようなことを言う人はまだたくさんいますが、公共の電波を使用し、多くの人が見聞きする放送においては既に許されなくなったその手の発言。また、マツコ・デラックスさんがテレビで自分のことを「オカマ」と言うことはできても、他人がマツコさんのことを「オカマ」と言うことは、許されないでしょう。おそらくもう少ししたら、マツコさんが「オカマ」と自称することも、難しくなるのかもしれません。

差別的だったり、多様性に配慮しなかったりする発言に対しては、このように世間の目はぐっと厳しくなりました。下手な発言には、ネットなどで非難が集中。世相を鑑みて、放送局の側でも自己規制をしている模様です。

この現象は、ある種の人々にとっては好ましくないもののようです。トーク系の番組などを見ていると、特にベテランの、ズバッとものを言います系の芸能人の方々が、

「最近は言葉狩りが激しくなってるから……ねェ」

と、苦笑いをしながら苦言を呈しているのです。

言葉狩りを問題視する発言をしているのは、主に大物の芸能人、それも男性です。特に最近はジェンダー平等に対する視線が厳しくなってきているので、発言に窮屈さを感じる男性が多いのだと思う。

若手芸能人の場合は、反「言葉狩り」を表明して反感を買いたくないでしょうし、ま

たそもそも若者は子供の頃から、平等や多様性を重視する世で育っているので、差別発言や蔑視発言でウケを取ろうという感覚が薄かったりもする。

反言葉狩りの狼煙《のろし》をあげるベテラン達は、長年自分達が続けてきた芸風が、平等やら多様性やらといった感覚によって規制されることに懸念を示しています。他人の容姿を揶揄したり、少数派をいじったりすることによっていちいち炎上すると、「別に悪気があって言っているわけではないのに」と、イライラしてくるのでしょう。彼等は「昔のように、のびのび発言したい」と望んでいるのです。

「言葉狩り」という言葉がうまいことできているなと思うのは、

「言葉狩りには困っている」

といった発言をしている側が、弱者であり被害者に見えるところです。狩りとは、強い者が弱い者を仕留める行為。アフリカの大地を映すドキュメンタリー番組を見ても、ライオンなどの猛獣が、細っこい草食動物を仕留めてむさぼり喰っているのであり、「言葉狩りされて困っています」と言う人からは、「こちらは無辜《むこ》の弱者なのに……」という、そこはかとないアピールが感じられる。

実際はと見ると、反言葉狩り発言をするのはたいてい、芸能の世界の強者。ですが「言葉狩りに遭っている」と言うと、不当に弾圧されている被害者のように見えたり、またその弾圧に対して反旗をひるがえす勇者のように見える効果があるのでした。

とはいえ反言葉狩り発言は、反対の効果をもたらす危険性もはらんでいます。それは発言者を勇者のように見せる一方で、「新ルールに適応できない人」のようにも見せてしまうのです。

国の法律であれスポーツのルールであれ、決まり事は常に変化していきます。そういえば私が子供の頃は、バレーボールではサーブ権を持っている側にしか得点が入らなかったし、卓球は一ゲーム二十一点制でしたっけ。

この時、「新しいルールなんて、馬鹿馬鹿しい」と新ルールに対応できない人は、試合に負けることになります。ルールの変革期は、勢力図の変革期ともなるのです。

放送の世界においても、今はルールの変革期。明文化されていないにしても、昔より気をつけて言葉選びをしなくてはならなくなりました。その時に「自分は言葉狩りの被害者である」とアピールする人に対して、視聴者は「古い人」との印象を持つことになるのです。

言葉狩りを問題視する人々は、もちろん古い人だと思われることは覚悟の上でしょう。それでも、

「私は、言いたいことを、好きなように表現したいのだ」

と、彼等は戦っている。他人を取り締まる資格を持っているわけでもないのに俺の言葉を取り締まるな、という彼等の主張は、「マスク警察」や「自粛警察」に対する非難

とも通じます。

言葉狩りをする側は、しかし快楽のために狩猟行為をしているのではありません。誰かを不快にさせる発言をする人を非難することによって、この世が良くなると思っているからこそ狩りを行っているわけで、その人達もまた、戦っているのです。が、その「自分は世直しをしている」との陶酔感が、狩られる側としてはさらにカチンとくるのだと思う。

「言葉狩り」に異を唱える大物達は、中高年のお年頃です。年代的には私とそう変わらない人々なので、私も彼等の気持ちはわからぬわけではありません。

舌禍・筆禍の多い我が身としては、数年前に自分が書いた文章を読んでみると、「これは……、今だったら使わないよね」と思われる言葉が使用されている場合がしばしばあります。さらに昔の文章を読めば、たとえば「ブス」のような言葉を、容姿が今ひとつの女性に対して平気で使用していたりする。

「だって、ブスはブスじゃん。心の中ではブスを『ブス』だと思っているのに、言葉では『個性的なお顔』とか言っている人の方がよっぽど怖いわー」

というのが、その頃の私の感覚だったのですが、しかし今となっては、その時の自分の蛮勇こそが怖い。

私が「ブス」と書いていた時代は、世の中全体で、「ブス」的な発言が容認されていました。その言葉に傷つき、嫌悪を感じる人がいても声をあげづらい世の中だったのであり、まだネットも普及していなかったので、手軽に糾弾できる手法も、なかったのです。

時が経ち、今。私が文章の中で「ブス」という言葉を使用することは、なくなりました。年齢的に似つかわしくない言葉ということもありますが、何よりもそれは、時代に似つかわしくない。

「言論の自由への圧迫ではないか！」

と息巻くほど、その言葉に対する愛着もありません。

昔は当たり前に使用されていた言葉が、時代の変化と共に適当ではなくなるという現象は、ずっと前から続いています。物故者が書いた小説等を読むと、

「本作品には、今日の観点から見ると差別表現ととられかねない箇所があります。しかし作者の意図は差別を助長するものではないこと、作品が書かれた当時の時代背景を鑑み、発表当時のままとしました」

といった文章が、最後に必ずと言っていいほどついているのは、そのせい。私の本がもしも後世に再版されるとしたならば、必ずやこの手の文章が添えられることでしょう。

日本の近代以降、時代によって緩急はあれど、日本は確実に、差別はダメという方向に進み続けています。旧来型の言葉の使用に慣れている人は、言葉への規制が強まる度

に、

「言葉狩りだ！」

と怒ってきたけれど、どれほど怒っても、その流れを止めることはできません。そして、言葉狩りをされたからといって、話芸や文芸が著しく衰退したかというとそうでもなく、狩られたら狩られたで別の表現方法が発見されてきたのです。

そんなわけで今、言葉狩りが行われることによって表現の幅が狭まってしまうことを憂慮している人達も、それほど心配しなくてもいいのではないかと、私は思うのでした。彼等であれば、少々の言葉を狩られたとて、きっと他の面白い言葉や表現手法を発見するはずなのだから。

そして今、「自分は全く問題のない言葉遣いをしている」と信じている人も、安心はできません。さらに時代が進めば、使用しない方がよい用語の幅は、今よりもっと広がることでしょう。今の若者が安心して使用している言葉も、若者が年をとって中高年となる頃には、差別的とされるかもしれないのです。

たとえば「彼」「彼女」などという言葉は危ないのではないかと、私は思うのでした。ＬＧＢＴＱ的な観点から、男と女に二分することは前時代的、という感覚が強くなってきたということもあります。アメリカでは既に、ジェンダーがｓｈｅにもｈｅにも当てはまらない人を指す代名詞としてｔｈｅｙが使用されているようですが、別の観点からしても「彼」「彼女」には危うい印象を持つのです。

「彼」はそもそも「あれ」との意味で、人にも物にも使用され、「あの人」といった意味から、人を示す言葉になりました。古来、日本で「彼」は男女ともに使用されていた言葉であったところ、近代化の後、「英語ではｓｈｅという単語があるらしいから、日本語でも女を示す代名詞を作った方がいいだろう」と、「女」をつけて「彼女」という言葉が出てきたのです。実際、大正頃までの小説には、女性をも「彼」と書く作品もあるのでした。

この時、女を「彼」と呼び続けて、男を「彼男」と言ってもよかったはずですし、「彼」は廃止して「彼女」「彼男」と言ってもよかった。はたまた、

「いや、日本では古来、代名詞を男女で分けることはしてこなかったのだから、男も女も『彼』のままにしましょう」

となってもよかったはず。

しかし日本人には、「人間としてベーシックな存在であるのは男であるから、一段低い存在である女の方には、別の代名詞を与えておこう」という感覚がありました。女医だの女社長だの女流なんとかだのキャリアウーマンだの、何かをしている女性に、「女である」ということをいちいち明示する呼び名を与えるのも、「彼女」という代名詞が誕生した時と同じ感覚のせいかもしれません。

……なーんていうことを考えますと、「彼」「彼女」だって、いつまで使用できるかはわからない言葉。いずれは、男も女もそうじゃない人もひっくるめて「彼」としましょう、という先祖返り宣言が行われるかもしれないのであり、そうなったら「彼女」と書いてある本や、男だけを示す意味で「彼」と書いてある本の最後には全て、

「本作品には、今日の観点から見ると差別表現ととられかねない箇所があります。しかし……」

という文章が入ることでしょう。中高年がうっかり、

「彼女、美人よね」

などと言おうものなら、若者達からは、

「あの人、『彼女』って言ったね」

「そういう世代なんだねー」

「その上『美人』だって！」

「昔の人はさ、褒め言葉だったら容姿に触れてもOKって思ってるんでしょ」

「ありえない……」

などと言われることになる。

その時、未来の中高年は、

「『彼女』と言っただけであげつらわれるとは、言葉狩りではないか」

と憤るかと思いますが、それは仕方のないところ。こうして言葉は変化を続けるのであり、「彼女」という言葉を嗤った若者も、いずれは言葉狩りのターゲットにされるに違いないのですから。

「寂しさ」というフラジャイル

配偶者を亡くされた方に対して、

「お寂しくなりますね」

と慰める言い方があります。一緒に暮らしていた人がいなくなってしまう寂しさは、いかばかりのものか。お力になれることは何でもおっしゃってくださいね。……といった意が、そこには込められています。

離婚した人や、恋人と別れた人に対しても、

「寂しくなっちゃうね」

と言う場合があるものです。死別ではないのでさほど深刻にはならず、

「早く次の人、見つけよう！」

といった激励の言葉をつけ加えるケースも。寂しさへの共感を示しつつも、次なるステップを提示することによって寂しさを忘れてもらいたい、という友心が、そこには滲《にじ》む。

しかし今、この手の慰めワードは、何となく口にしづらいご時世なのでした。それというのも昨今の人は、「寂しい人」と思われることに対して、強い拒絶反応を示すから。「さぞかし寂しかろう」と、勝手に推定して勝手に同情すると、

「別に寂しくないですけど」

と、ムッとされかねません。独身の男女に、

「いつまでも一人じゃ寂しいでしょ？　早く結婚したら？　ちゃんと婚活してる？」

といったことを言うのも、当然ながら大アウト。そのようなことを言ってしまったなら、相手のSNSにはきっと、

「〝寂しいでしょうハラスメント〟受けたオバサン死ね」

とか、

「寂しいかどうかは私が決める」

といった怨嗟《えんさ》のフレーズが深夜に書き込まれるに違いありません。

他人の寂しさを指摘しにくくなった背景には、家族観の変化があるように思います。よかれと思って「寂しいでしょうハラスメント」をしてしまう人と、「寂しいかどうかは私が決める」と思っている人の間にあるのは、家族感覚のズレ。すなわち前者は、「人は家族の中で生きるのが当然で、それが一番の幸せ」という信念を持っているのに対して、後者は「家族形態も幸せの形態も、人それぞれ」と思っているのです。

かつての日本では、年頃になったら誰もが結婚し、自分が創設した家族の一員として生きることが当たり前でした。だからこそ、「一人で生きている人は、可哀想」という共通認識もあったのです。

「サザエさん」は戦後すぐに始まった漫画ですが、その時代の新聞連載漫画の登場人物として長谷川町子が三世代同居の家族を選んだのも、当時はその手の家族が一般的だったからでしょう。もしも波平さんが亡くなったなら、

「お寂しくなりますね」

と誰かから言われたフネさんは、素直に目頭を押さえたのだと思う。

そんな中で、「核家族化」という言葉が流行するようになったのは、一九六〇年代のことでした。今となってはすっかり聞く機会が減った、「核家族」。三世代以上で暮らす大家族が減少し、夫婦＋子供とか、夫婦だけといった家族形態が増えてきたことを、当時は「核家族化」と言ったのです。その頃の若者達が、結婚後に自分もしくは配偶者の親と同居することを避けるようになったことによって、核家族化は進行しました。

「家つき・カーつき・ババア抜き」という言葉が流行ったのは、「核家族化」が流行ったのと同じ、一九六〇年代のことです。こちらは、当時の女性が結婚相手に求める三条件を示したフレーズ。「結婚するならば、家も車も持っていて、でも姑《しゅうとめ》は既に死んで

いるとか、生きていても同居はナシ、という男性がいいなぁ」ということであり、「ババア抜き」という条件がまさに、核家族化の波をよく表していましょう。

「核家族化」という言葉からは、古き良き家族像が消えてしまうことへの嘆きが、そこはかとなく漂っていました。現代風のわがままな嫁のせいで、おじいちゃん・おばあちゃん達の知恵が次世代に継承されなくなってしまうではないか。お年寄りの面倒は誰が見るのだ、というような。

「核」という文字も、何やら縁起の悪い印象をもたらしました。「公害」やら「汚職」やらと同様、好ましくないニュアンスを「核家族化」は帯びていたのです。

核家族化が問題視されるというのも今から思うと長閑《のどか》な感じがしますが、

「お寂しくなりますね」

や、

「一人じゃ寂しいでしょ？」

が、日本人に素直に受け入れられたのは、せいぜいその時代までだったのではないかと、私は思います。人は家族に所属しているのが当然で、所属していない人は明らかに可哀想なのだから、孤独な人に同情するのは人として当然だ。……と思うことができたのは、三世代同居をよく知っている人々だったから。

対して今は、どのような状況なのでしょう。まず「核家族化」は、ほぼ完了しています。今、結婚当初から親や舅《しゅうと》・姑と同居をする人は、よほど家が広い地方の農家くらいではないか。農家であっても、広い敷地内に若夫婦のために別棟を建てて、生活は別々にしたりするものです。

都会においては、結婚時であれその後であれ、三世帯の完全同居はほぼ難しい状況です。二世帯住宅での同居や、離婚をした娘が孫を連れて戻ったので一緒に住んでます、というケースはあれど、サザエさん一家のように平屋で同居というのはもはや奇跡。都市部に住む家族は、ほぼ自動的に核家族なのです。

核家族化が終了した世の中では既に、次の動きが進んでいます。単身世帯、すなわち一人暮らしの人が激増しているのです。

二〇二〇年の国勢調査によると、「夫婦+子」の世帯や「夫婦のみ」の世帯の割合を抑え、一人暮らしの世帯の割合は三十八・一パーセントと全体のトップとなっています。配偶者を亡くすなどした高齢者がそのまま一人で暮らすケースが多いからこその、単身世帯増加現象。かつて核家族化を嘆いていた人は、「『核』がさらに小さな単位になるとは」と、草葉の陰で驚いているのではないか。

昔は、子供世代と親世代が、それぞれ核家族として別々に暮らしていたとしても、老夫婦のどちらかが他界すると、

「年寄りの一人暮らしは心配」

と、一人になった親を子供が引き取るケースがありました。しかし引き取る理由は、必ずしも「心配」だけではなかったようです。高齢の親に一人暮らしをさせていると、

「お可哀想に。息子さん、同居してあげればいいのにねぇ」

といった周囲の声が聞こえてくるのであり、世間体というのか外圧というのか、その手のものもまた、親を引き取る理由となった模様。

対して今、世間体や外圧を考えて老親と同居する人は、あまりいません。核家族生活をしてきた中で、老親達にも子供達にも「他人を気にせず好きなように暮らすのが一番幸せ」という意識が染み付いているので、突然同居するなどということは、もう考えられない。介護保険等が整備され、ぎりぎりまで高齢者が一人で暮らすことができるようになってきたことも、安易な同居を避ける一因となっています。

子供世帯と同居するよりも、施設に入居することを選ぶ高齢者も、増えました。かつては高齢者が施設に入ると、

「お可哀想に……、ねぇ」

などと同情しつつ、その家の嫁をディスる人がいたもの。いざ施設に入る時は世間の視線を避けるため、「楢山節考《ならやまぶしこう》」もかくやの早朝に、コソコソと出発したりしたのです。

しかし今、高齢者の家族は堂々と他者の手を借りるようになりました。高齢者達も、

施設に入ることが不名誉とは思わなくなったのであり、高級ホームに早くから入るような人は、むしろ誇らしげだったりするのです。

家族と一緒に暮らすのが、誰しも一番幸せ。介護も看取りも、やっぱり家族にしてもらうのが幸せ。……というかつての常識は、かくして崩壊しました。一人暮らしが最も一般的な暮らし方となった今、一人でいる人に対して、「あなたは寂しいに違いない」とか「可哀想に」などと言うべきでなくなったのは、家族の形態が変わったせいなのです。

が、しかし。他人から、

「あなたは寂しいのではありませんか？」

と言われない世というのは、

「実は寂しいのです」

と自分では言いづらい世の中でもあるのではないか、という気もするのでした。

高齢者も若者も一人で生きる人が当たり前となり、

「一人の方が気楽です」

と口をそろえる今。しかし本当に全員が「気楽」に生きているわけではないでしょう。皆がそう言っているので「一人は気楽」と思おうとしているけれど実は寂しい、という人もいるのではないか。

かといって、皆が「寂しくなんかありません」と言っている時代に、「寂しい」とは声をあげづらい。誰かから、

「寂しくない？」

と、ちょっとくらいは言ってもらいたいのに、誰もそんなことは言ってくれないのがまた、寂しくはないか。

このように思うのは、私が今風の人間ではないからです。皆が恋愛大好きで、異性に対してゼイゼイしていた青春時代を過ごしていたので、「人は皆、恋愛をしたがってて、つがいをつくりたがるもの」という思い込みを持っている。

世代のせいか気質のせいかはわかりませんが、私自身は「一人は寂しい」という、時流から外れた気分を持っているのでした。だからこそつい、他人もそうだろうと思いがちなのであり、かつては〝さびハラ〟発言をしてしまったことも、一度や二度ではありません。

三十代独身一人暮らし、という〝負け犬〟盛りの頃は、

「一人、大好きです」

などと虚勢を張ることもありました。実際、一人温泉も一人ご飯も好きだし、一人の時間はたっぷり必要なのだけれど、誰かといる時間があるからこそ、一人時間の楽しさは増すもの（個人の感想です）。ふと「この先、死ぬまで私はずっと一人なのであろ

うか」と思えば、その時に膨れ上がってきたのは、やはり「寂しい」という感情でした。

しかしあの頃はまだ、「寂しい」と気軽に言うことができるご時世でした。同じ立場の者同士で、

「ザビジイ……」

「来年こそは……」

などと励まし合ったりもしましたっけ。

「言ってはいけないこと」の範囲が今よりずっと狭かった当時は、

「あーら、一人で寂しくないの？　年をとったら寂しいわよぅ」

と、ストレートなさびハラを受けることも、多々あったものです。さびハラになぜムッとするのかというと、一つには「あまりにも本当のことだから」。そしてもう一つは、「私は寂しくなんかないけど、あなたは寂しいでしょ？」という上から目線を感じるからなのですが、しかし無邪気にさびハラ発言をする人は、実はお節介な良い人でもありました。

「はい、寂しいです」

と正直に言うと優しくしてくれたし、

「独身の知り合いがいるけど、紹介しようか？」

などと言ってくれたりもしたものです。

そのような話を今時の人にすると、

「へぇ、そんなに恋愛ってしたいものですかね。やっぱりバブル世代だからなんですか？」

などと言われるのでした。

「えー、だって一人って寂しくない？」

と、またうっかりさびハラ発言をしてしまうと、

「別に……。一人でいても、ＳＮＳとか色々あるから、他人とはつながっていられるんで」

とのこと。

自分が負け犬盛りの時代、他人とつながる手段といえば、電話やメール程度のものでした。ネットの中の見知らぬ誰かとやりとりをして時を過ごす、といった芸当はできなかったからこそ、寂しさに敏感にならざるを得なかったのか。だとしたら、さらに昔の人はもっと寂しかったに違いなく、だからこそさっさと結婚していたのかも……。

寂しさがフラジャイル化した今、我々は他人の寂しさを埋めてあげたくとも、容易に手を出すことができなくなりました。本当に寂しくないのか、それとも寂しさを埋める手段がふんだんにあるため、寂しくても見えにくいのか。はたまた寂しくないふりをし

ているだけなのか……。「お腹すいた」と同じくらい素直に「寂しい」と言えていた世代には、もうその辺りの判断がつかなくなっているのでした。

「ご迷惑」と「ご心配」

停電があると、妊娠する女性が増えるという説があります。電気が使えないという非常事態の下、することもないので男女が必然的に……、というわけです。

コロナ時代となった時、私はその話を思い出しました。皆がステイホームを強いられるならば、子供が増えてもおかしくないのではないか。パンデミックという未曽有《みぞう》の事態の下で男女は歩み寄り、コロナが少子化解消のきっかけとなったりするのかも、と。

しかしコロナ騒動が落ち着いても、出生数が増える様子はありません。今の時代、もはや非常事態だから「する」などということはない模様。子供はノリで作るのではなく、長期的視野に基づいた計画にのっとって作るようになったのであり、先を見通すことができない時代に、日本の男女は子供を作る気持ちにはならなかったのでしょう。

とはいえこの時代、不倫は減少したのではないか、と私は思いました。外で食事をすることすら困難では、不倫デートも難しかろう。出張と偽ってお泊まりすることも、出張ができないとあらば、不可能です。

しかし私のそんな予想もまた、外れていたようです。有名人の不倫ニュースがワイドショーから消えたわけではなく、私は「ステイホームを強いられたからこそ、人はより一層、家庭外の刺激を求めたのか？」とも思っていた。

ワイドショーでは、不倫のニュースとなると、司会者もコメンテーターも生き生きするようになりました。さすがにコロナネタにも飽きてきたのか、コロナと比べれば駄菓子のようにジャンクな味わいを持つ不倫ネタに対して、無責任に感想を述べることを、出演者達がおおいに楽しむ様子が見受けられたのです。

私も不倫ニュースを見て、「コロナの日々でも、自身の欲望を諦めない人がいるとは」と、目がさめるような気持ちになったもの。しかしだからこそ、

「この度は、私の軽率な行動によって、世間の皆様にご迷惑とご心配をおかけしたことを、深くお詫びいたします」

などと謝罪会見で言われると、居心地の悪い気持ちになりました。

世間の一員である私ですが、不倫有名人から謝られる筋合いは、全くありません。こちらとしては、不倫報道によっておおいに楽しませてもらいこそすれ、その人から迷惑をかけられてはいないし、その人のことを心配してもいないのです。だからこそ涙目で謝罪されると居心地が悪く、

「いやいや、我々に謝る暇があったら、まずは妻（もしくは夫）をいたわってさしあげ

た方が……」

と、言いたくなる。

不倫有名人も、自分の不倫によって世間に迷惑や心配をかけたとは思っていないはずです。だというのにテレビカメラの前で謝るのは、その人が世間が今、何を求めているかを知っているからでしょう。

謝罪会見とは、江戸時代における市中引き回しと同様に、悪事を犯した人を「見たい」という世間の欲求を充足させるために行われるイベントです。人々は、不倫が世に知れてしまった人の姿を見て、「この人に比べたら、自分は何と正しく生きていることだろう」と満足したり、「危ない危ない、自分も気をつけなくては」と気を引き締めたりするのでした。

姦通罪なき今、不倫で逮捕されることはありません。それは法律違反ではなく倫理違反だからこそ、不倫の断罪は、気軽に楽しむことができる庶民の娯楽となりました。石田純一さんやベッキーさんなど、平成の名不倫の主人公達が、いかにしつこく視線という竹槍で突かれ続けたかは、我々の記憶に残り続けているもの。

不倫有名人達は、世間の要求に従って、謝罪会見をします。その「不倫顔」を世間に晒《さら》し、反省の弁を述べることが、不倫という倫理違反においては、禊《みそぎ》行為となる。

その時、冒頭で述べられる「ご迷惑とご心配」が、単なる定型文であることは、言う

までもありません。それが謝罪であることを示すことさえできればどんな言葉でも良いのであり、斉藤由貴さんのように、

「同志って感じです」

といった名台詞で不倫史に残るよりも、できるだけ平凡な言葉を使って、できるだけ早く不倫史から消えたいというのが一般的な考えでしょう。

不倫に限らず、芸能人の謝罪会見を眺めながら私はいつも、なぜ「ご迷惑」と「ご心配」はセットなのか、と思うのです。どちらかでもいいんじゃないの、と。

その二つがセットとなっているのは、印象を分散させるためなのではないかと思います。「ご迷惑をおかけした」でも「ご心配をおかけした」でも、意味が特定されて、

「迷惑なんてかかってないし」

「心配なんてしてねぇよ」

と、世間から言われることは目に見えている。ご迷惑とご心配を並べることによって、丁寧感は増す一方で、発言内容はより曖昧化させることが可能なのです。

他にも、「ご○○」と「ご××」を並べるという手法は、我々の生活の中でよく見られるものです。たとえば、人が新しい生活に入る時の挨拶でよく使用されるのは、「ご指導」と「ご鞭撻《べんたつ》」。「これからも、未熟な私に色々と教えてください」と伝えたい時に、よく使用されています。

が、考えてみれば「指導」はまだしも、「鞭撻」の意味を、私はちゃんとわかっていませんでした。教鞭の「鞭」なので、それはおそらくムチのこと。では「撻」とは？……というと、まさに「ムチ打つ」との意味を持つ模様です。「ご鞭撻のほど」を願うというのは、「どうぞ私を鞭で打って！」ということなのです。

もちろん本当に鞭打ってほしいのではなく、鞭で打つかのように厳しく指導してほしい、という意を示すのでしょう。

「これからもご指導ください」

だけでは響きが緩いので、「ご鞭撻」を入れてピリッと引き締め、真剣味をアピールするのではないか。

しかし今や、「ご指導、ご鞭撻」のセットはあまりに形骸化してしまい、「ご鞭撻」の意味をきちんと考える人はいなくなりました。「ご指導」とコンビを組んでいるのだから、どうせ似たような意味なのだろうとしか、思われていないのです。

今は、かつて「生徒に教える」との意味でよく使われていた「教鞭をとる」という言い方も、「教壇で鞭を手にする教師など、もういない。というより、いたらまずい」ということで、放送禁止用語的な存在と化しています。ということは、体罰はもちろん精神的鞭打ちもモラハラになる世では、「ご鞭撻」もそう遠くない未来に、言ってはいけない言葉になるはず。「ご指導、ご鞭撻」という名コンビには、解散の危機が迫っているのでした。
結婚式でも、送別会でも、さんざ便利に使用されてきた、「ご指導、ご鞭撻」。「ご鞭撻」が使用不可となってしまったら、「ご指導」は独り立ちしなくてはならないのでしょうか。それとも、別の言葉とユニットを組むのか……？「指導」と釣り合い、かつ「鞭撻」のようにちょっと知的っぽく聞こえる言葉の発見が、求められるところでしょう。

少し改まったスピーチの場で、「ご指導、ご鞭撻」と同等もしくはそれ以上に便利に使用されているのは、「ご理解、ご協力」のユニットです。特にコロナ時代となって以降、政治家達は、「家にいろ」「密ダメ」「飲酒ダメ」「旅行ダメ」「ワクチン打て」など、様々なお願い事を国民に対して発表してきました。その時に頻用されたのが、「ご理解、ご協力」です。

我々は今までどれほど、
「国民の皆様におかれましては、どうかご理解とご協力のほど、よろしくお願い申し上げます」
と、首相やら知事やらから懇願されてきたことでしょうか。その定型文をあまりに聞きすぎて、次第にイライラしてきたものです。

国民に不自由を強いる側が語る言葉において最も大切なのは、お願いの内容ではなく、お願いする姿勢そのものです。姿勢次第では、厳しいことをお願いされても、受け入れなくてはと思うこともある。

だというのにコロナ時代の為政者は、お願い行為において全く、クリエイティビティーを発揮していません。

「どうか、外での飲酒を我慢していただきたいのです。こんなお願いをするのは本当に心苦しいし、おつらいのはよーく、わかります。私だって、本当は外で飲みたくてしょうがないんだ。しかしここで我慢してもらわないと、日本が危ういんです。どうかこのハゲに免じて、お願いします！」（注・あくまで一例です。毛髪に不自由する特定の人をイメージしているわけではありませんよ！）

などと渾身のお願いをされたならば、「仕方ない」と思う人もいるかもしれませんが、為政者達は、「ご理解とご協力」という、我々が既に聞き飽きた定型文で、簡単に話を着地させてしまう。スピーチライターに、「怠けるな」と言いたくなります。

しかし発言者は、どちらか片方ではなく、「ご理解」に「ご協力」もプラスしたということだけで、「丁寧にお願いできた」と満足していると想像されます。本当は、「理解」だけされて「協力」されないのは困るとか、「ご協力」をお願いするだけでは、何も考えずにただ従えと言っているかのような響きになるのでは、などと思うからこその、「ご理解とご協力」なのでしょう。が、「ご理解&ご協力」のコンビが出てきた瞬間に、我々は「もう飽きた」と、顔を背けるのでした。「ご理解とご協力をお願いします」によるシメは、もはや何も言っていないのと同じだということに、早く気づいてほしい……。

　今まで挙げた事例からもわかるように、「ご○○とご××」という言い方は、スピーチなど、他人の前である程度改まって発言する時に使用されがちな表現です。それも、冒頭や最後など、大切な時ほど、頻用される傾向にある。

　パーティーなどでの「乾杯のご発声」という名のスピーチにおいても、最後を締めるのは、

「それでは、ご臨席の皆様のご健勝とご多幸をお祈りいたしまして、乾杯！」

　という定型文。

　この時に使用されるのは、「ご健勝」と「ご多幸」のコンビだけとは限りません。パーティーの性格や出席者の顔ぶれによって、「ご繁栄」であったり「ご活躍」であったりと、様々な言葉を採用することが可能ですが、なぜかここでも、「ご○○とご××」というように、二つの言葉がコンビを組むことになっている。

「ご多幸」一つでも事足りるのではないかとも思いますが、発言者としては、一ワードだけでは寂しい気がするのでしょう。パーティーのような華やかな場においては、ついめでたい言葉を重ねたくなるのが人情なのではないか。

かといって、

「皆様のご健勝とご多幸、ご繁栄とご活躍を祈願いたしましてェ」

では安売り感が出てしまうので、三語以上を羅列することもない。二語を並べることによって、「とにかく皆様が万事うまくいくことを祈っています」ということになるのであり、三語以上は並べても無駄になるのです。

乾杯の発声を行う人が、主催者や列席者の健勝や多幸を心の底から祈っているかというと、そうではないでしょう。もはや、「鞭撻」と同様、「健勝」とやらが本当はどういう意味なのか、よくわからずに口にしている人もいるに違いないのです。が、それでも「祈っている」と宣言するのが、乾杯の前の約束事。そもそも乾杯にしても、何のためにしているかなど、よくわからないのですから。

このように、多くの「ご○○とご××」はもはや形骸化して、言葉自体が本来持つ意味は、ほとんど無視されているのでした。「○○」や「××」には漢語的表現が用いられがちなので、ちょっとした威厳をもたらすという効果はあるかもしれませんが、この手の無駄な「ご○○」類はなぜ、謝罪やスピーチといった重要な場面の、それも最も目立つ冒頭や締めにおいて使用されるのでしょうか。

……と考えてみますと、それが「礼」というものなのかもしれぬ、と私は思うのでした。

日々の挨拶から宗教行事まで、礼儀や儀礼において見られる言葉や動作は、すべて謎めいています。なぜ人に会ったら頭を下げるのか。神社ではなぜ手を叩くのか。よくわからないけれど、「そういうもの」と思って、何も考えずに我々は行っている。もともとそこに込められていたであろう「意味」は、ひたすら繰り返されることによって、ほとんど摩耗しています。それでも決められたことを言ったりしたりする精神こそが、「礼」。

同じように、本当に心がこもっているのかどうかは別として、人は不倫会見では「ご迷惑とご心配」について謝るし、乾杯の前は「ご健勝とご多幸」を祈るのです。首相や知事達も、下手にクリエイティビティーなど発揮せず、「ご理解とご協力」という定型文を使い続けることこそが政治家としての礼なのだ、と思っているのかもしれません。「ご○○とご××」的定型文は、語る側と聞く側に、「ここはどういう場なのか」についての共通認識を醸成するために存在するのでしょう。それらが、意味を深掘りなどしても無駄な儀礼的言葉なのだとすれば、首相が連発する「ご理解とご協力」は、礼を通り越して、もはや祈禱のようにも聞こえてくるのでした。

「ね」には「ね」を

アスリート達のインタビューにおける発言に、かねて興味を持っています。肉体で自己を表現することに長けている人達が、言葉で語らなくてはならない時、どのようなことを言うのか、と思うから。

昨今のアスリート達は、かつてと比べるとずっと、話すことが上手になっています。SNSの影響もあり、自分の見せ方について、皆が意識的になってきたのです。

昔は、自分の見せ方に意識的なアスリートは、邪道扱いされました。饒舌《じょうぜつ》な人よりは寡黙で朴訥《ぼくとつ》な方が、「その道に邁進《まいしん》している」とされたもの。少しお洒落などしようものなら「外見に気を配る時間があるなら練習しろ」と言われたのです。

しかし今は、ただ競技の実力を持っている人よりも、発言力やセンス等、多方面の魅力を兼ね備えている人が、スターになるようになりました。力士さえも、昔は取組後にマイクを向けられたらハアハア言うだけだったのが、今は、自分の取組について冷静に振り返る人が増えてきたのです。

アスリートの口数が増えてきたのは平成以降かと思われますが、そんな中でも彼・彼女達の言葉には、流行りすたりがあります。水泳の北島康介選手が活躍していた頃、すなわち二〇〇〇年代は、「楽しみたい」という言葉が流行っていました。昭和のスポ根的感覚からの脱却をアピールする言い方だったと思うのですが、

「負けましたけど、楽しかったので良かったです」

といった発言には、批判が出ることも。

そうこうするうちに、

「次につなげる」

という表現が流行します。勝っても負けても、その試合で得た経験を次の試合に生かします、というこの言葉は、インタビューの締めフレーズとして万能だったのであり、今も多用されています。

そして二〇二一年に行われた、東京2020オリンピック・パラリンピック。大きな大会の時は、その後のアスリートの言語に影響をもたらす言い方が誕生する可能性があるので、私は楽しみにインタビューを見ていました。が、今大会において日本選手が最も頻繁に使用していた言葉はさほど特徴的なものではなく、

「そうですね」

だったのです。

「そうですね」は、質問に答える時、最初に言われる言葉です。我々は何かを語る時、いきなり内容に入るのではなく、「えーと」とか「あのー」といった、特に意味のない言葉をもってスタートさせがちですが、アスリートの世界では、それが見事に「そうですね」で統一されています。個性派をもって知られるアスリートもそうでしたし、インタビュー中に五つの質問が投げかけられたとしたら、その全てに「そうですね」を自動音声のように返す人がほとんどでした。

「そうですね」など、昔からアスリートは使用していた。古くは具志堅用高《ぐしけんようこう》さんが、

「ちょっちゅね」

と言っていたではないか、という意見もありましょう。

確かに「そうですね」はアスリートのみならず、誰もが会話の中でよく使用する言葉ではあります。とはいえ私的感覚ではありますが、今ほど「そうですね」がインタビューにおいて頻用されている時代はありません。

今のアスリート達の「そうですね」の厳守ぶりを見ると、

「『えーと』や『あのー』は、聞き苦しいものです。インタビューに答える時は、質問を受けたらまず、『そうですね』と言うと、落ち着いて話すことができます」

といった「自分の見せ方」についての教育が、どこかの時点でなされたように思えてきます。結果、「そうですね」を最初に言うという「そうですねファースト」がアスリ

ート達に叩き込まれたのではないか。そして今大会で「そうですね」が何百回、何千回と連呼されたサブリミナル効果によって、「そうですねファースト」はますますスポーツ界に広がっていくことでしょう。

いちいち「そうですね」を入れなくても、直接本題に入った方が聞きやすいのだから、無駄な「そうですね」は減らしてもいいのでは、とも思います。しかし、オリンピックに出場するような一流アスリートがここまで「そうですね」からのスタートにこだわるということは、この言葉を言うことによって、何か良いことがあるはず。

「そうですね」の「そう」は、相手の気持ちを肯定的に受け取りましたよ、ということを示す言葉です。同時に、「ちょっと考えてます」感を、醸し出す言葉でもある。

「今日、何食べたい？」

と聞かれた時、

「肉！」

と即答するよりも、

「そうねぇ、お魚というよりはお肉かな」

などと答えた方が、ちょっとした迷いや、相手のことを慮《おもんぱか》る感覚などが滲み出るものなのです。

「そうですね」は、すなわち相手が言ったことを肯定しつつ、回答のために少しの猶予を求めるための言葉なのでした。だとしたらそれは、インタビューに答える時の最初の一言としてはうってつけ、と言うことができましょう。

しかしアスリート達の受け答えを聞いていると、インタビュアーの質問を否定しているのに「そうですね」と答えるケースも、しばしば見られます。たとえば、

「今日は初めてのオリンピックの舞台でしたが、緊張したのではないですか？」

という質問に、

「そうですね、全然緊張しませんでした」

といった答えを返すケースがあった。

この時、答える側には、「『いいえ、緊張しませんでした』と言うと、相手に悪いのではないか」という気持ちは、さほど無いのだと思います。アスリートの中には既に、「何かを聞かれたら、まず『そうですね』と言う」という勝利の法則が叩き込まれているので、その語の意味など、どうでもよくなっている。ほとんど反射的に、そしてお経を唱えるように「そうですね」は口から出てくるのではないか。

これはまさにアスリート的、と私は思ったことでした。多くのアスリートは、プレイの前に、ルーティンと言われる決まった動作をするものです。テニスのナダル選手は、鼻や耳を触るといったルーティンが色々あることで有名ですし、野球のイチロー選手にしても、バッターボックスに立つ度に決まったルーティンがあり、その辺りがモノマネ

ポイントにもなった。

アスリートがルーティンを大切にする理由も、わかる気はします。スポーツは、いったん始まったらどうなるかわからない、まさに筋書きなど無い世界だからこそ、プレイの前には筋書き通りに物事を進めて、精神を落ち着けているのではないか。

同じように「会話」にも、筋書きはありません。インタビュアーからどんな質問が飛んでくるかはわかりませんし、数多ある言葉を自由に組み合わせて話すという行為は、実は非常に危険なプレイ。その危険さをコントロールするため、アスリートはルーティンとして「そうですね」と言うのかもしれません。

アスリートにとってインタビューは、かなり重い負担でしょう。オリンピックでは、競技を終えた直後、まだ心身ともに全く落ち着いていない状態でいきなり、

「率直な感想を」

などと問われていました。

何も話したくない時も、思いきり泣きたい時もあるだろうに、まだゼイゼイしているアスリートをカメラの前に立たせるその仕打ちは、残酷です。全力を出し切った直後に、「話す」という専門外のことをしなくてはならないのは、どれほどストレスであることか。

かといって、どんなに悔しくても悲しくてもはたまた嬉しくても、うっかりしたこと

を言えば、たちまち叩かれてしまうのが、今の世。「面倒臭いなぁ」「くだらない質問してんじゃねえよ」といった気持ちは、おくびにも出してはなりません。

そんな時に「そうですね」は、やはり便利な言葉なのでしょう。インタビューが嫌であっても、「そうですね」と言うことによって、インタビュアーの質問をまずは肯定し、ワンクッション置くことができる。アスリートにとって「そうですね」は、いつも一緒にいて精神を安定させてくれる、ライナスの安心毛布のような役割を果たすのかもしれません。

ほとんど意味は持たないのになくてはならない、いわば無用の用を果たしている、インタビュー時の「そうですね」。オリンピックにおいて「そうですね」の連呼を聞いているうちに、私は「これは和歌における枕詞のようなものかも」とも思えてきました。

「ひさかたの」とか、「あをによし」といった枕詞というものが、平安時代前後の和歌には使用されている、と、学生時代の古典の時間に習いました。「ひさかたの」であれば光、空など、「あをによし」なら奈良と、掛かる言葉が決まっており、とはいえ枕詞はニュアンスを醸し出すだけでそれ自体には意味がない、と聞いた時に私は、「なぜ限られた文字しか使用できない和歌に、意味を持たない枕詞などを入れるのだろう」と思ったものでした。もっと意味のある他の言葉を入れて、さらに歌の密度を高めればいいのに、と。

しかし和歌を眺めていると、さほど意味を持たない言葉は、枕詞だけでなく、そこここにちりばめられているのでした。表現したいことが三十一文字という「型」よりも小ぶりのサイズだと、何となくムードはあるけれど意味はない、エアーパッキンのような言葉を挟んでカサ増しする必要があるのです。

「そうですね」もまた、意味は薄いが、感じは悪くない言葉です。さらには「そうですね」は、「ひさかたの」や「あをによし」と同様の、五文字。七五調が身に染み付いている我々にとって、五文字の言葉をまず最初に言うことは、その後の言葉をスムーズに出すようにする助走のような効能をも持つ気がしてきました。

「そうですね」の、「ね」という最後の文字にも、注目したいところです。「そうです」と「そうですね」ではおおいに感じが違ってくるわけで、会話文において「ね」は重要な意味を持ちます。話の最後に「ね」をつけると、相手へ積極的に働きかけている感じが出るし、それも敵対的でなく友好的な、できればこちらの意見に共感してもらいたいんだけどなぁ、といった空気も伝わる。

関西では、「ね」ではなく、「な」が使用されていることも多いようです。

「そら大変や」

だと他人事ですが、

「そら大変やな」

となると、相手に歩み寄る姿勢がそこに生まれます。「な」とか「ね」、地方によっては「の」など、主にな行の文字を会話の最後にくっつけると、「相手との距離を縮めよう」という意志が、立ち上がるのです。

「ね」は寂しがり屋なので、常に相手の反応を欲してもいます。

「これ、おいしいね」

と誰かが言った時に求められているのは、

「うん」

ではなく、

「おいしい」

でもなく、

「おいしいよね」

という返答。「ね」には「ね」を返してほしいと期待して、発言主は「ね」を使用しているのです。

共感を大切にする生き物とされる女性は、特に「ね」を多用する傾向にあるのでした。

「これ、おいしいね」

と言われたならば、

「おいしいよね」

と、「ね」返しするのは、当たり前。「おいしいよね」だけでは足りず、

「おいしいよね〜、本当にあのお店はすごいよね〜」

などと「ね」を重ねていくことも珍しくはなく、そうなると相手がたもまた、

「ホント最高だよね〜、また買ってくるね」

と、さらなる「ね」を返すわけで、「ね」の応酬は終わりを知りません。我々は「ね」をやりとりすることによって、「私はあなたの敵ではない」ということを伝え合い、そこに安全地帯を形成しているのです。

また、

「本当に、コロナが早く収まってほしいです」

といった、誰もが同意するであろうことは「ね」なしで言われることもありますが、そんな時は話を聞いている人がすかさず、

「ね〜、そうですよね〜」

と「ね」をいくつも相手に謹呈。他の誰かも、「その通り」との意で、

「ね〜」

と言えば、最初の発言主も、

「ね〜」

と同意を示すわけで、ほとんど「ね」だけで会話が成立するのです。

このように「ね」は、相手の懐の中に飛び込むこともできれば、こちらの懐にやってきた誰かを庇護することもできる、便利な音。だからこそテレビショッピングの番組では、

「お客様ね、見て見てこのフライパン！　こんなひどい焦げ付きもね、水を入れると浮いてきちゃう！」

と、視聴者に向けて「ね」で呼びかけるのです。ワイドショーのコメンテーターにしても、「ね」を頻用する人は、今ひとつ自分の意見に自信がなく、他の人々の同調、同意を欲しがっている人のように見えるのでした。

となると「そうですね」の「ね」から透けて見えるのは、アスリートの孤独のようなもの。たった一人で戦った直後にマイクを突きつけられた時、自分の真の姿を少しでも知ってもらうべく、インタビュアーとテレビを視聴している人々に対して歩み寄る精一杯の気持ちが、「そうですね」の「ね」には込められているのではないか。

目立たない言葉ながら、実は様々な意味が含まれているのかもしれない「そうですね」。オリンピック・パラリンピック期間中、大量の「そうですね」を浴びていたら、どうやらこの言葉は非常に強い伝播力を持っている模様であり、自分も何かのインタビューに答える時、

「そうですね」

と、無意識に冒頭で言っていました。確かに「えーと」「あのー」よりは気分がしゃっきりするかもしれず、これからも反射的に、「そうですね」を繰り出しそうな気がしてなりません。

「だよ」、「のよ」、「です」

ある日の新聞に、アメリカ人女性アスリートの談話が載っていました。母親でもある彼女は我が子と一緒にトレーニングをすることもあるそうで、

「子どもは嬉しそうな顔をするんだよ」

と、語っていたのです。

その部分を読んで、私は一瞬、違和感を覚えました。それは談話の内容に対してではなく、「だよ」という語尾に対しての違和感。話し手は三十代の、いわば大人の女性だったのであり、「だよ」という語尾が乱暴に思えたのです。

が、次の瞬間に覚えたのは、そんなことを思っている自分への違和感でした。記事を書いた新聞記者は、おそらくジェンダー問題に配慮し、「取材対象が女性だからといって、『のよ』といった語尾を使用するべきではない」と考えた結果、「だよ」を使用したに違いない。「だよ」に違和感を覚えた私の方が、ジェンダーバイアスというものに囚われているのでしょう。

ハリウッドの女性俳優などのインタビューが日本で流れる時は、「最高にエキサイティングな映画に仕上がったのよ。日本の皆さんにも、ぜひ観てほしいわ！」

などと、女言葉での吹き替えや字幕がつくのが、かつては一般的でした。しかし昨今は、外国人女性の話が女言葉で訳されることに対する批判が出ています。勝手に女性性を付与するのはいかがなものか、と。

昔話になりますが、一九九四年から首相を務めた村山富市《むらやまとみいち》氏は、その好々爺《こうこうや》然とした外見故に、

「ワシは……じゃ」

という、おじいさんっぽい一人称と語尾を、週刊誌などでは与えられがちでした。本人はそのような話し方をしていないのに、雑誌記事では村山氏の言葉の語尾が「じゃ」になっていたのは、氏の「おじいちゃん感」を強調したかったから。同じようにハリウッドの女性俳優は、その女性性の高さが期待されて、「のよ」「わ」という語尾が与えられたのではないか。

英語にも女性的な言い回しは存在するようですが、語尾に男女差があるわけではなく、一人称も男女共通です。英語は日本語よりはずっとユニセックスな言語であり、かつ丁寧な言い方はあれど、敬語かタメ口かの区別も、日本語のように厳密ではありません。

だからこそ、外国の人々の言葉を日本語にする時は、訳する側が持っているイメージが、訳文に色濃く反映されるのです。同じアメリカ人でも、女性裁判官が語る言葉を日本語にするとしたら、

「難しい裁判だったわね」

とは訳さず、

「難しい裁判でした」

と、ですます調が使用されることでしょう。裁判官でなくとも、ビジネス上の言葉はたいてい、ですます調で訳されるもの。

女性俳優が新作映画について語るのもまたビジネスですが、しかし俳優という華やかな職業の人には、

「ぜひ観ていただきたいと思います」

ではなく、

「ぜひ観てほしいわ！」

と、タメ口で語らせたくなるらしい。

俳優のみならず、女性ミュージシャンのインタビューなども女言葉で訳されていることが多いものですが、こちらも昨今は変化が見られるようになっています。たとえば人気の女性ミュージシャンであるビリー・アイリッシュのインタビュー映像では、最初の

「ビリー・アイリッシュだよ」

という字幕が。数年前だったら、

「ビリー・アイリッシュよ」

となっていたことでしょうが、二〇〇一年生まれの彼女には、明らかに「よ」は似合わない。

　彼女のインタビュー映像では、その後も、「……だよね」「……なんだ」といった語尾がずっと使用され、字幕だけ見ていたら、その語り手が男か女かは、全くわかりません。若い世代にとっては、女性が女言葉で話すということが全く現実的ではないからこその、男言葉なのです。

　そのインタビューでは、敬語もまた使用されていません。日本においては、どんなベテランミュージシャンであっても、というよりはベテランであればあるほど、インタビュー、もしくはライブやラジオでファンに語りかける時に、

「こんばんは、松任谷由実《まつとうやゆみ》です」

などと敬語を使用するものです。矢沢永吉《やざわえいきち》であっても、

「どうもヤザワです！」

と、「です」使用。若い頃から新しい波を起こし続けてきた人達であっても、

「松任谷由実だよ」

「ヤザワだよ」

とファンに語りかける心理は、最初から全く持っていないのです。

ではベテランの外国人女性の言葉は、どう訳されているのでしょうか。YouTubeでカトリーヌ・ドヌーヴの来日時の映像を見たところ、「徹子《てつこ》の部屋」出演時は、字幕でも通訳の言葉でも、彼女は敬語で話していることになっていました。

また樹木希林《ききききりん》との対談においては、

「そうね、同感よ」

などと、タメ口かつ女言葉の字幕になっていたのです。

黒柳《くろやなぎ》徹子はドヌーヴより年上で、樹木希林はドヌーヴと同い年ということから、この差が出たのかもしれません。しかしやはりドヌーヴのイメージから考えると、彼女の発言が、

「そうだね～、同感」

などと訳されることは、この先も決してないことと思われる。

……としたところでやっと冒頭の話に戻るのですが、アメリカ人女性アスリートについての記事を書いた新聞記者は当然、そのような事情を鑑みつつ、悩みながら、「……するんだよ」という、タメ口かつユニセックスな語尾を選択したのでしょう。

日本人のアスリートであれば、記者の質問に答える時は、敬語を使用するのが一般的です。時折、

「チョー気持ちいい」

「何も言えねー」

などと（注・いずれも水泳の北島康介選手が、オリンピックで金メダルをとった後のインタビューでの発言）、タメ口を使用するケースもありますが、それは金メダルをとった人だからこそであり、タメ口の第一声以降は、彼も敬語に戻ったのです。

そんな例外を除けば、たいていのアスリートは、

「そうですね（前章参照）、お世話になったたくさんの方々に、感謝したいと思います」

などと敬語で話すのであり、現状、日本の女性アスリートが、

「ラスト五〇メートルがキツかったんだよね。でも頑張った」

などと、「新婚さんいらっしゃい！」における新婦ばりのタメ口で記者に語ることは考えにくいもの。インタビューでのタメ口はプロレスラーにのみ許されるのであり、プロレスラー達はタメ口を操ることによって、自身の破天荒ぶりを示しているのです。

そんな日本人の感覚に倣《なら》うのであれば、アメリカ人女性アスリートの言葉も、「……するんですよ」と訳することが一般的です。それをあえてタメ口調で記事を書いたその心は、アスリートという立場を、裁判官よりは俳優やミュージシャンに近いものと認識

したからなのか。もしかすると、それがドイツ人だったら敬語になっていたのかもしれず、アメリカ人だからタメ口、という部分もあるのかも……。

このように、新聞において女性が「……だよ」と語るのを見て、思いが千々に乱れた私だったのですが、それというのも私が、女言葉を使用するのが嫌いではないからなのでした。「そうなんだよね」よりも「そうなのよね」と言う傾向を持っているからこそ、新聞紙上での、女性の「……だよ」に、驚きと新鮮さを覚えたのです。

今の女言葉の源流は、明治時代の女学生の言葉にあります。「よくってよ」「いやだわ」といった女学生言葉は、当初は軽薄な言葉遣いとして批判されたものの、次第に女言葉として定着してきました。

とはいえ私も若い頃は、女言葉など全く使用しておらず、友人達とは「だよ」系語尾で会話をしていたのです。しかし大人になるにつれ、「だよ」にそこはかとない居心地の悪さを感じるようになり、「だよ」よりも「のよ」を多く使用するように。

もちろん今も、仲の良い友達とは、

「……だよね」

と言い合うものの、「だよ」率は昔と比べ、かなり低くなっているのです。

言葉にも第二次性徴のような現象があるのだろうか、と思っていた私でしたが、しかし年をとるにつれ「だよ」→「のよ」「わよ」に変化するというのは、我々世代の特性かもしれません。もっと上の世代、たとえば自分の親世代では、若い頃でも「だよ」はあまり使用していなかった模様。そして我々よりもっと下の世代の女性達は、「のよ」系語尾に移行することなく、何歳になっても「だよ」を使い続けているのです。

今や「のよ」やら「わ」やらは、使用していると「昔の人」との印象になる古語となりました。我々は、それら女言葉の、ほとんど最後の使い手です。

が、そんな女言葉を我々と共に守り続けているのが、一部のゲイの男性達なのでした。たとえばマツコ・デラックスさんなどは徹底して、

「……わよ」

「……のね」

といった女言葉を使っている。そんな女言葉の中に時折、

「おめぇふざけんなよ！」

といった言葉が交じるという落差が、印象的です。

マツコさんのようなゲイの方々は、いつか女言葉の伝統を守る役割を担うことになるでしょう。女言葉を使用する女は、我々を最後として、やがて絶滅する。しかし彼等は女とは違って、女言葉を捨てないと思うのです。

女言葉を使用する女が絶滅したら、マツコさんのような人々が女言葉を使用し続ける意味はあるのか、という疑問も、湧いてきます。彼等は、そもそも男である自分に違和

感を抱いて女言葉を使っているのだと思いますが、女言葉スピーカーの女が絶滅したら、彼等にとっては目指す地点がなくなるのではないか、と。

しかし考えてみれば、既に今も、昔ながらの「女」は姿を消しています。今を生きるリアルな女といったら、楽ちんなパンツにスニーカー姿で、

「今日も雨だよ」

「まじだりぃ」

などと言っているわけで、それは彼等が目指すべき姿ではない。

彼等が目指しているのは、おそらく本物の女ではありません。彼等の心の中にだけ存在する、女のようだけれど本物の女とは全く異なる幻の像を、追い求めているのではないか。だからこそきっと彼等は、女言葉を使用する女がいなくなっても、女言葉を使い続けるのではないかと思うのです。

我々世代が死滅した後は、男女の言葉遣いがほぼ同じになることが予想されます。女言葉を使用するのがマツコさんのような人々のみになったとしたら、それは女言葉というよりは、ゲイ言葉になるでしょう。

「腹減った」

「メシどうする?」

「オレ飯炊こうか」

「じゃオレ味噌汁作る」

と語り合う夫妻の間に生まれる未来の子供は、かつて男と女が異なる言葉遣いをしていたことを知りません。そんな子供達は、ゲイ達の言葉を聞くことによって、男と女の歴史を知るのです。

しかし彼等以外は女言葉を完全に使用しなくなってしまうわけではない気も、私はしています。男も女も男言葉を使うようになって、「言葉のユニセックス化が達成されました！」となるのではなく、ヘテロセクシャルの男女が「こっちの方が好きだから」と、女言葉を使用し続けるケースも、あるのではないか。

今でも、柔らかい言い方の方が自分に合っているからと、女言葉によって言葉の女装をするヘテロセクシャル男性はいます。同じように、妻子持ちのヘテロセクシャルだけれど女装が趣味という男性もいる。

そう考えると、私の「……のよ」といった言葉も、実は言葉の女装なのかもしれないと、思えてきました。元々身についていた言葉ではなく、若い頃にさんざ「……だよ」と話していたことに飽きて、女感を味わうプレイとして、私は「そうなのよ」と言っているのかも。たまにワンピースを着る時も、私は〝女装感〟を覚えるのですが、私のような女装趣味の女性は、未来も存在し続けるのではないか。

いずれにせよそう遠くない将来に、日本人の言語の男女差は、極めて小さくなると思われます。が、男言葉に統一されるとは限らず、何かのきっかけで女言葉スピーカーが大量発生するのかもしれません。なにせ日本は、当初は女用の文字だった〝かな〟が生き延びて、今では漢字かな交じり文が使用される国。口語においても、女言葉の底力が発揮されるような気がしてなりません。

話し言葉における男女差は減少するにしても、それでも残り続けると予想されるのは、敬語の壁です。女が男のような、男が女のような言葉遣いをすることは簡単に実行できるようになったのに対し、敬語を使うべきシーンでタメ口を使用するには、いまだ尋常ではない勇気が必要です。運動部の先輩と後輩や、職場の上司と部下がタメ口で話す時代は、果たして来るのでしょうか。

しかしそれに近い雰囲気を作っている団体があって、それが旧ジャニーズ事務所とサッカー男子Jリーグなのでした。

「You」の章でも取り上げましたが、故ジャニー喜多川氏は、様々な二人称があるが故に上下差が出てしまう日本語社会で、皆を「You」と呼んで平等感を醸し出すという斬新な手を開発しました。同様に、旧ジャニーズのアイドル達は後輩が先輩を呼ぶ時も、例外はあれど「さん」ではなく「くん」づけだった。

プロサッカー選手の間でも同じような現象が見られるようですが、それは先輩・後輩の上下関係によって、年齢は下でも実力を持つ選手の伸びしろを潰さないためではないか。

敬語は、一つの文化と言うこともできます。しかし敬語文化は、日本にとっては足枷にもなってきました。上下差をいちいち言葉で明確にすることによって、自由が奪われてしまうのです。

もしも日本に改革が起き、「儒教的な差別意識を助長する」として敬語禁止令が出されたら、明治維新や敗戦と同じくらいの衝撃を、日本人にもたらすことでしょう。そしてもしも私がその時に生きながらえていたら、ビリー・アイリッシュのように、

「酒井だよ」

と自己紹介しなくてはならないことに、悶え苦しむと思うのです。男言葉としての「だよ」を言うよりも、タメ口としての「だよ」を言うことがつらい私には骨の髄まで敬語文化が染み付いているのであって、きっと「です」「ます」恋しさに、涙するに違いありません。

おわりに

先日、学生時代に所属していた運動部の後輩達と話をする機会があったのですが、その時に彼等が多用していた言葉が、「そうですね」でした。

「そうですね、今年は部員数も増えたので、練習量の確保が大変で……」

などと。

二〇二一年に開かれた東京でのオリンピック・パラリンピックにおいて選手達が頻用していた「そうですね」は、このようにあっという間に、市井《しせい》の若者達にも広がったようです。心が柔らかな若者ほど、アスリートの口から出た言葉を素直に吸収し、躊躇なく拡散しているのでした。

澄んだ瞳で「そうですね」を連発する学生達を見ていると、「そうですね」ブームはしばらく続くことが予想されたのですが、若者語や流行語の寿命は、長短様々です。一九九〇年代に流行った、「チョベリグ」等のギャル語は激しい衝撃を世に与えましたが、エグ味が強い分、短命に終わりました。

対して一九六〇年代に流行した言葉である、「かっこいい」。こちらは当時、若者言葉として軽薄な響きを持っていたようですが、〝見た目が良く、かつ時流に乗っている感じ〟を表す言葉として意外に重宝され、今に至るまで五十年以上にわたって使用され続けているのでした。

「ハンサム」は「イケメン」にすっかりとって代わられたものよ……とか、このまま定着するのかと思われた「超〇〇」という言い方は、「めっちゃ〇〇」の勢いに凌駕されたなぁ……といった変遷を思えば、言葉は生き物であることが実感できます。そして何年か後にこの本を読めば、

「あの頃は『めっちゃ』って言ってたのか、懐かしい」

などと思うに違いない。

もしかすると多くの言葉は、過去を遡ればどこかの時点で、一種の流行語として誕生したことになるのかもしれません。たとえば「米」とか「ごはん」を表現する言葉にしても、稲作文化が日本に伝来した当初は、はるか遠い地から伝わってきためっちゃ美味しい穀物を表現するめっちゃかっこいい言葉として、キラキラと輝いていたのではないか。

外国から入ってきたり、言語感覚の鋭い人が創作したりしてきた新しい言い回しは、歴史の中で人々を魅了し続けてきました。

「その言葉、いい！」

と周囲の人が真似をするようになって言葉は流行し、やがて定着したり、はたまたもっと勢いのある言葉にとって代わられたりする。そうやって数々の言葉は、生まれたり死んだりしてきたのでしょう。

今、我々が使用しているのは、生死を繰り返す言葉の残骸が堆積してできた分厚い層の、ほんの表面部分でしかありません。本書ではそんな上っ面の部分をすくいとり、なぜこのような言葉が生まれ、その下には何が埋まっているのかと眺めてみたわけですが、するとと変わり続ける日本語には、決して変わらない感覚が宿っているように思えてきました。

我々が常に、明確なまでに曖昧な言葉を求めていること。流行り言葉を流行らせる人々が持つ、善良さと、残酷さ。そして外来語を受け入れる時の及び腰と、受け入れた後の熱狂。……言葉の生死の現場からは、日本人のそんな性《さが》が、見えてくるのです。

日本語は今、特に激しい変化の波にさらされています。ネットやポリコレへの親和性の有無、また海外への興味や年齢の高低により、ある人々にとっては当たり前の言葉が、別の人々にとっては理解できないものとなり、言葉による分断も目立つようになってきました。

そんな今だからこそ、ある言葉がどのように生まれ、ある言葉がどのように死んでいったかを考えることは、他者を理解することに繋がる気がしてなりません。なぜあの人は、あの言葉を口にするのか。そしてなぜ自分は、この言葉を使いたくないのか。……そんなことに思いを巡らすことによって、他者との距離が少し縮まることになれば、著者としては幸いです。

酒井順子

解　説――時代の真空パック

穂　村　弘

『うまれることば、しぬことば』を読んで、その明晰《めいせき》さと説得力に驚いた。冒頭に置かれた「『J』の盛衰」では、昭和から平成にかけての一時代が分析されている。「J」というただ一文字のキーワードによって、時の流れがあまりにもくっきりと見通せてしまったので、一瞬、自分の頭が良くなったかと思ったほどである。もちろん、酒井マジックによる錯覚だ。

酒井順子さんと私はほぼ同世代、ということはリアルタイムの共通体験が多いはずだけど、「ああ、あの時のあれは、そういうことだったのか」と気づかされることがたくさんあった。自分が生きた時間の意味を改めて教えられた。

本書においては、移り変わってゆく言葉たちを糸口に、我々の無意識が作り出す時代の精神が可視化されている。

上手な名前がつけられることによって光が当たる社会問題は、たくさんあります。

「DV」「ひきこもり」「老老介護」等、印象的な命名がなされると、その問題が浮上して、当事者の声が表に出たり、解決への歩みが進むことがあるのです。

（「ハラスメント」という黒船）

このように述べる作者は、他にも「婚活」「セクハラ」などのネーミングを肯定的に評価している。また、自身もベストセラー『負け犬の遠吠え』において「負け犬」という秀逸な命名をされていた。本書の中でも、「新陳代謝系アイドル」「恋愛庶民」「セクハラ中途開眼者」といったキャッチーな言葉を繰り出している。それらからはユーモアと批評性が共存したセンスを感じる。その根っこには、社会とそこに生きる自分自身を観察する眼差《まなざ》しの鋭さがあるのだろう。

「気づき」という言葉は、「気づく」という動詞を名詞化したものと思われ、ここのところしばしば目にする表現です。「気づいた」でいいではないか、ついでに言うなら後半の「感動をありがとう」も「感動した」でいいんじゃないの？　と思った私。

（「『気づき』をもらいました」）

こんな一節に頷《うなず》きながら、ふと、或《あ》る短歌を連想した。

動詞から名詞になれば嘘くさし癒しとか気づきとか学びとか　俵万智

エッセイの内容と短歌がシンクロしているようだ。本書を読みながら、この不思議な同期感覚に何度も襲われた。幾つか例を挙げてみよう。

しかし八〇年代、「おまえ」は恋愛の場面で使用されていました。歌における「おまえ」の頻出ぶりを見ると、「おまえ」と呼ばれたがっていた女性が、かなりのボリュームで存在していたようなのです。
（「Ｙｏｕ」に胸キュン）

年下の男に「おまえ」と呼ばれいてぬるきミルクのような幸せ　俵万智

「そうです」と「そうですね」ではおおいに感じが違ってくるわけで、会話文において「ね」は重要な意味を持ちます。（略）
「ね」には「ね」を返してほしいと期待して、発言主は「ね」を使用しているのです。

（「ね」には「ね」を）

「寒いね」と話しかければ「寒いね」と答える人のいるあたたかさ　俵万智

現代を代表するエッセイストと歌人が、時代と響き合う言葉の捉え方において大きな同調性を示していることに驚きながら納得する。

思えば、万葉集の昔から、短歌には人々の心を五七五七七に留《とど》めることで時代の空気感を保存する機能があった。酒井さんのエッセイにも同様の力を感じる。本書を始めとする著作は、昭和、平成、令和という時代を真空パックした文学としての価値を備えていると思う。

短歌とのジャンルを越えたシンクロ感覚をさらに細かく見てゆこう。

「いや、日本では古来、代名詞を男女で分けることはしてこなかったのだから、男も女も『彼』のままにしましょう」

となってもよかったはず。

しかし日本人には、「人間としてベーシックな存在であるのは男であるから、一段低い存在である女の方には、別の代名詞を与えておこう」という感覚がありました。女医だの女社長だの女流なんとかだのキャリアウーマンだの、何かをしている女性に、「女である」ということをいちいち明示する呼び名を与えるのも、「彼女」という代名詞が誕生した時と同じ感覚のせいかもしれません。

（「言葉狩り」の獲物と狩人）

ジャイアンの妹ではなく初めからジャイ子という名で生まれる世界　飯田有子

「ジャイ子」は『ドラえもん』の登場人物であるジャイアンの妹だ。ジャイアンの妹だから「ジャイ子」。だが、ジャイアンには剛田武《ごうだたけし》という名前があるのに、妹の本名は作中で明示されていない。「ジャイ子」という存在はジャイアンの女版でしかない。「彼女」という代名詞が「彼」の女版でしかないように。誰もが自分自身の名前を持って生きる「世界」はまだ実現していないのだ。

「うっそー」「本当?」の他にも、「すごーい」「かわいーい」等も、我々にとっては身に染み付いた定型ワードでした。自分達は世の中において、芸者的な役割を期待されているのだと本能的に察知していた我々は、何にでもすぐ驚いたり感動したりする姿勢を示すことによって、世の期待に応えようとしたのです。

（「本当」の嘘っぽさ）

曖昧に知らないふりして笑っては少女としての仕事を果たす　上町葉日

世の中の期待する「芸者的な役割」に応えることが、引用歌においては「少女としての仕事」を果たすと冷ややかに表現されているのだ。

我々が高齢者となる頃には、長年積み上げ、熟成させた知恵を持つ年寄りは、その存在自体が珍しくなりましょう。一部の職人や伝統芸能の世界でのみ、経験値の高い高齢者は尊敬され、積み上げようの無い経験しかしてこなかった高齢者の大群が出現することになりそうです。

（「古っ」への戦慄）

よくわからないけど二十回くらい使った紙コップをみたことがある　飯田有子

「長年積み上げ、熟成させた知恵を持つ年寄り」が使い込まれて良い味の出た器だとしたら、「二十回くらい使った紙コップ」は「積み上げようの無い経験しかしてこなかった高齢者」に当たるものだろう。それが将来の我々の姿。他の問題と同様に、酒井さんはこの現実を直視している。

私が若かった頃の高齢者は、まだ尊敬される資格を持っていたのです。祖父母世代は、戦争や、何なら関東大震災もくぐり抜けてきた、苦労人。年をとっていればいるほど経験も積んでいるということで、確実に美味《おい》しい漬物を漬けたり、風の吹き方で明日の天気を予測したりするといった知恵も、持っていました。
対して私達の今の生活は、経験値が積み上がらない仕組みになっています。長年ぬかみそをかき回し続けなくとも、誰でも美味しく漬けられるぬか床を簡単に買うことができるし、ぬか床などなくとも漬物そのものを買えばいい。おばあちゃんの知恵的なものは、ネット検索や百円ショップで代替可能となりました。
（「古っ」への戦慄）

昔は「紙コップ」なんてもの自体が存在しなかった。だから、自然に使い込まれて良い味の出た器になれたのだ。だが、幸か不幸か我々は便利な「紙コップ」を発明した。使い込むよりも使い捨てを、修理よりも買い換えを優先する社会システムを採用した。

生活の中で周囲のものを次々に使い捨て買い換えておいて、自分だけは使い込まれて良い味が出た器になれると思うのは、やはり虫が良すぎるのだろう。

『うまれることば、しぬことば』の地の文章には、「涵養《かんよう》する」「殊勝な」「口を糊《のり》している」「嚆矢《こうし》」「人口に膾炙《かいしゃ》」「軛《くびき》」「関の山」「腹蔵なく」「あらまほしき」「上つ方」「椿事《ちんじ》」「幇間《ほうかん》」「横溢《おういつ》」「無辜《むこ》」「蛮勇」「未曽有《みぞう》」といった懐かしい語彙が鏤《ちりば》められていることも印象的だ。本書の内容からは、新しい言葉に対する感度の高さが明らかだが、加えて酒井さんには古典の素養があり、それによってリアルタイムの〈今ここ〉が深く相対化されているようだ。

（ほむら・ひろし　歌人）

本書は、二〇二二年二月、集英社より刊行されました。
初出
集英社ノンフィクション編集部サイト「よみタイ」
二〇一九年十二月～二〇二一年九月（「言葉のあとさき」改題）

本文デザイン／重実生哉

酒井順子の本

家族終了

上昇し続ける生涯未婚率に、事実婚、同性婚、シングル家庭……多様化する家族観の変遷を辿りながら、過去から未来までを考察！　激変する日本の「家族」はどこへゆく？

集英社文庫

酒井順子の本

男尊女子

夫、旦那、パパ。結婚相手をどう呼ぶか？（「主人」）学歴や年収が男性より上だと、なぜ女性は負い目に感じるのか（「高低」）。あなたの中の〝男尊女卑〟意識に気づく20章！

集英社文庫

酒井順子の本

中年だって生きている

「中年ではあるが、おばさんではない」と思っている新種の中年＝バブル世代。人生百年の今、そんな女性たちの生態を鋭い視線で見抜き、赤裸々に綴った新・中年論。

集英社文庫

酒井順子の本

泡沫日記

初体験。それは若者だけのものではない。中年期は〃初体験ラッシュの第2ステージ〃なのだ。次々起きる初体験に戸惑いながら対応し、順応していく日々を記した日記風共感エッセイ。

集英社文庫

集英社文庫

うまれることば、しぬことば

2025年2月25日　第1刷　　定価はカバーに表示してあります。

著　者　酒井順子《さかいじゅんこ》

発行者　樋口尚也

発行所　株式会社　集英社
東京都千代田区一ツ橋2-5-10　〒101-8050
電話　【編集部】03-3230-6095
【読者係】03-3230-6080
【販売部】03-3230-6393(書店専用)

印　刷　中央精版印刷株式会社　株式会社美松堂

製　本　中央精版印刷株式会社

フォーマットデザイン　アリヤマデザインストア　　マークデザイン　居山浩二

ISBN978-4-08-744742-2 C0195